KEINE AUFSTIEGS-GESCHICHTE

OLIVIER DAVID

KEINE AUFSTIEGS-GESCHICHTE

WARUM ARMUT PSYCHISCH KRANK MACHT

Eden BOOKS

Für
Lucie

... von all diesem »Nie Aufgegebe«
bin ich ganz ausgelaugt.

Mach One, *Nicht von dieser Welt*

Reden wir vielleicht deshalb die ganze Zeit über Aufstieg,
weil er in der Realität immer seltener anzutreffen ist?

Oliver Nachtwey, *Die Abstiegsgesellschaft*

Eden Books
Ein Verlag der Edel Verlagsgruppe

www.edenbooks.de | www.edel.com
2. Auflage 2022

Lektorat: Ulrike Ostermeyer, Berlin
Korrektorat: Rotkel. Die Textwerkstatt
Umschlaggestaltung: zero-media.net, München
Layout und Satz: Datagrafix GSP GmbH, Berlin | www.datagrafix.com
Druck und Bindung: GGP Media GmbH, Pößneck
ISBN 978-3-95910-331-2

Printed in Germany

Eden Books unterstützt bei der Produktion dieses Buches das Projekt »Junge Riesen für die nächsten 100 Jahre«. Damit wird ein Anteil der unvermeidbaren CO_2-Emissionen im direkten Umfeld des Produktionsstandortes kompensiert.

MIX
Papier aus verantwortungsvollen Quellen
FSC® C014496
FSC
www.fsc.org

Inhalt

Diese Geschichte gibt die Erinnerungen des Autors wieder, die mit denen der erwähnten Personen möglicherweise nicht immer identisch sind.

Triggerwarnung

Auf den Seiten 39 und 40 werden Vorfälle sexueller und körperlicher Gewalt geschildert, auf den Seiten 81 bis 83 sowie 156 bis 159 kommt es ebenfalls zu Szenen körperlicher Gewalt. Wenn die Auseinandersetzung mit diesen Themen persönliche Folgen für dich haben könnte, dann lies die Stellen nicht oder zumindest nicht allein.

Prolog

Juni 2019. Mit ein paar anderen Fahrgästen steige ich von der Fähre, die mich zu meiner Freundin bringt. Wieder auf festem Boden, gehe ich die stählerne Brücke vom Ponton hoch, biege nach rechts ab, wechsle die Straßenseite und gehe den Weg am Deich entlang. Seit Stunden lodert der Hass in mir. Ich bin zittrig, aber voller Energie, als mich plötzlich eine Erkenntnis trifft: Diese Wut in mir hat System! Mit Lucies Stimme im Ohr, die mir von Belästigungen durch Mitschüler und Bekannte erzählt, stelle ich mir vor, wie die Typen sie damals in die Zange nahmen, einer von vorn, der andere von hinten, während sie zu perplex von dem abrupten Übergriff war, um sich zu wehren. Nur liegt dieser Vorfall schon mehr als ein Jahrzehnt zurück. Darf ich mich angesichts solcher Schilderungen, gerade wenn sie meiner Freundin passiert sind, ohnmächtig fühlen? Ja klar. Darf ich wütend sein auf diese erbärmlichen Würstchen, wenn sie mir erzählt, was genau passiert ist, welche Sprüche gefallen sind? Unbedingt. Aber warum jetzt, im Sommer 2019, als nicht nur diese Ereignisse lange vergangen sind, sondern auch zwischen ihren Schilderungen und meiner Wut bereits Monate liegen? Plötzlich begreife ich, dass mein Gehirn sich den Nährstoff für die Wut immer dann aus einem Reservoir an Erlebnissen, Erzählungen und Vorstellungen holt, wenn der Adrenalinpegel fällt und es gerade keinen aktuellen Anlass gibt.

So ist es auch jetzt am Deich. Ich stelle mir vor, wie meine Freundin von den Typen belästigt wurde. Ich male mir aus, dass wir diese Typen durch Zufall treffen und ich sie angreife, mich durch ihre Gesichter pflüge und auf ihre zu Boden fallenden Körper eintrete. In mir lodert der Hass, und es ist genug für alle da. In dem Film, der sich in meinem Kopf abspielt, starrt Lucie mich schockiert an, denn sie hat diese Seite an mir noch nicht kennengelernt. Doch ihr Blick ist mir egal, denn es geht schon lange nicht mehr darum, dass ihr Gerechtigkeit widerfährt. Es geht um *mein* Gefühl der Ohnmacht, das sich so unerträglich demütigend anfühlt, dass ich es abschütteln muss. Bei dieser Vorstellung fährt ein grimmiger Schauer durch mich hindurch. Diese alte Freundin, die Wut, von der ich weiß, dass sie mir nicht guttut, auch wenn sich jede Begegnung mit ihr so vertraut anfühlt. Ich begreife, dass sie es ist, die mich deckelt, mich kleinhält. Anstatt mich zu fragen, wer ich sein möchte, habe ich mich dem immer gleichen Kampf in meinem Gedankengefängnis gestellt. Ich *gegen* die Macker, die meine Freundin angegrapscht haben. Ich *gegen* den Typen, der mich auf der Straße dumm angemacht hat. Ich *gegen* meine Mutter, ich *gegen* die Lehrer:innen an meiner Schule. Ich *gegen* die Welt.

Als ich mit achtzehn erfuhr, dass meine Mutter in ihrer Kindheit und Jugend von ihrem Vater jahrelang misshandelt worden war, gab mir ein Gedanke Trost: Immer wieder stellte ich mir vor, ihr Vater wäre nicht schon vor Jahrzehnten gestorben, sondern läge wegen irgendetwas im Krankenhaus; ich stellte mir vor, wie ich sein Zimmer betrete, an seinem Bett stehen bleibe, im Hosenbund die Waffe, so wie man das aus Gangsterfilmen kennt, nach der ich mit einer fließenden Bewegung greife und ihm, ohne zu zögern, ins Gesicht schieße. Das Letzte, was ich sehe, bevor da, wo gerade noch sein Mund war, eine große fleischige Wunde klafft, ist sein verdutzter Gesichtsausdruck. Er ist tot, bevor er überhaupt reagieren kann. Bumm. Rache. So einfach könnte es sein. Keine Worte, kein Triumph, einfach nur Rache. Eine Kompensation der Ohnmacht, dass dieser Mensch so viel Leid über unsere Familie gebracht hat, ohne dass meiner Mutter und ihrer Schwester je Gerechtigkeit widerfahren wäre. Realität werden meine Gewaltfantasien allerdings so gut wie nie, zum Glück. In meinen frühen Zwanzigern prügelte ich mich einige Male, weitaus häufiger aber stillte ich meinen Durst nach Adrenalin mit YouTube-Videos von Streetfights, Wald- und Wiesenkämpfen von Hooligans oder Videos aus Kriegsgebieten. Ob in der echten Welt oder in irgendwelchen Filmen, immer bin ich auf der Suche nach meiner Wut in der Welt. Jedes Mal, wenn sie mir in Form einer Faust entgegenschlägt oder ich beim Gucken von Videos das vertraute Kribbeln des Adrenalins in meinen Venen spüre, ist dieses Gefühl eine Bestätigung meiner Existenz.

Diesen Kampf kann ich nur verlieren, das begreife ich jetzt, in diesem Moment, am Deich. Klar, in meinem Kopf bin ich der Sieger. In meinem Kopf liegen die beiden Typen, die meine Freundin sexuell belästigt haben, vor mir auf dem Boden. Mein Hass ist stärker als meine Gegner, meine Wut glüht so weiß wie erhitztes Eisen, bevor es geschmiedet wird. Gegen diese Wut kommt keiner an. Zu verstehen, dass ich schon verloren habe, sobald ich auch nur gedanklich in den Ring steige, lässt den Boden unter meinen Füßen wanken. So muss sich ein wildes Tier fühlen, das nur die Gitterstäbe und Mauern seines Käfigs im Zoo kennt und das dann plötzlich freigelassen wird. Das wilde Tier bin ich, und die Gitter bestehen nur in meinem Kopf. Anstatt pure Freude über den Erkenntnisgewinn zu empfinden, macht sich in mir eine Mischung aus Angst und Unverständnis breit. Vor meinem inneren Auge zeigt sich der Inhalt dieses riesigen Päckchens, das so oft die Kontrolle über mein Handeln, meine Gedanken und mein Selbstbild übernimmt. Nun kann ich es sehen, begreife, woher es kommt – aber kann ich es im nächsten Schritt auch loslassen? Was macht man mit einem Geschenk, das man sich nie gewünscht hat, das man von Kindesbeinen an, von Umzug zu Umzug, von Beziehung zu Beziehung, von Job zu Job mit sich herumträgt, unschlüssig, wofür es gut sein könnte? Es in seine Einzelteile aufdröseln denke ich. Hinterfragen, warum es immer wieder herauskommen will, versuchen, es aufzulösen, um damit Platz für etwas Neues zu schaffen. Das denke ich jetzt, und während ich das denke, gesellt sich zu der Angst und dem Unverständnis plötzlich auch ein Gefühl der Erleichterung. Der Wunsch, mich von alledem zu befreien, macht sich in mir breit. Endlich beginne ich zu begreifen, was mit mir los ist. Endlich verstehe ich, wovon ich gesteuert werde, endlich empfinde ich den Mut und die Kraft, mich meinen Dämonen zu stellen und das zu machen, wovor ich mich jahrelang gedrückt habe: eine Therapie. Und sie ist bitter nötig.

In den kommenden Wochen und Monaten werde ich schrittweise begreifen, wie viel größer meine Probleme sind, als ich es in dem Augenblick am Deich zu verstehen geglaubt habe. Und dass sie alle auf die eine oder andere Weise mit den Verhältnissen zu tun haben, in die ich hineingeboren wurde. Mit diesem Buch möchte ich ein Verständnis dafür schaffen, wie toxisch das Aufwachsen und Leben in Armut sein können. Mit der Verknüpfung von psychischer Erkrankung und Armut in

Form einer biografischen Erzählung soll dieses Buch dabei helfen, das individuell erscheinende Elend vieler Menschen in einem gesamtgesellschaftlichen Rahmen zu begreifen. Erst wenn Menschen sich in Geschichten wie dieser wiedererkennen, kann aus Einzelschicksalen ein kollektives Bewusstsein wachsen – ein Bewusstsein, ohne das es keine Chance auf Veränderung gibt.

Aus den Angeln gehoben

An einem tristen Herbstnachmittag irgendwann Mitte der 1990er-Jahre veränderte sich unsere Welt zu Hause von Grund auf. Draußen war es schon dunkel, und meine Mutter telefonierte in ihrem Zimmer, das eigentlich unser Wohnzimmer war, aber wegen der schlechten Stimmung schliefen mein Vater und sie bereits seit über einem Jahr getrennt. Meine Schwester und ich lebten in dieser Zeit in den mikroskopisch kleinen Freiräumen zwischen Zornesfalten, Versuchen eines normalen Alltags und apokalyptischen Streits unserer Eltern. Bloß nicht im falschen Moment die Aufmerksamkeit auf sich ziehen, das war unser Sport, nur war meine Schwester darin um einiges besser als ich.

Die Tür zum Wohnzimmer stand halb offen, meine Schwester lehnte leicht gebückt am linken Türrahmen, ich, auf Knien, darunter. Wir lauschten. »Ja«, sagte unsere Mutter in den Hörer, »im Badezimmer ist auch alles gepackt, die Zahnbürste und seine Sachen habe ich schon rausgelegt.« Meine Schwester lugte zu mir nach unten, ich schielte zu ihr hoch. Glaubte sie das, was ich glaubte? Wie auf Kommando schoss ich ins Badezimmer, meine Schwester hinterher, um zu überprüfen, ob ich recht behalten sollte und wir umziehen würden. Ich machte das Licht an, doch auf der Waschmaschine neben der Tür stand bloß Papas Kulturbeutel. War sie noch nicht dazu gekommen, unsere Sachen zu packen? In der Küche lag ein Stapel Handtücher bereit, und es herrschte eine seltsame Aufregung. Würden wir umziehen? Und wenn ja, wohin? Als unsere Mutter wenig später den Hörer auflegte und nach uns rief, hatte sie keine guten Nachrichten. Wir würden nicht umziehen, sie und Papa hätten sich getrennt, und das bedeutete, dass Papa jetzt ausziehen müsste.

»Aber wo geht Papa dann hin?«, fragte ich.

»Das muss Papa jetzt selber gucken, das kann ich euch nicht sagen«, antwortete unsere Mutter. Unser Vater schlief noch ein oder zwei Nächte in seinem roten Renault-Kastenwagen, der vor der Tür parkte, ehe er vorübergehend bei Fifi unterkam, einem Franzosen, der seinen Lebensunterhalt als Straßenclown verdiente.

Es dauerte nicht lange, da machte die Neuigkeit auch in der Schule die Runde. »Deine Eltern haben sich getrennt«, raunte Dennis mir auf dem Pausenhof meiner Schule verschwörerisch zu. Als ich widersprach, rannte er davon und rief: »Ich werd es allen erzählen.« Ich lief hinterher, mit einem Stein im Bauch und Furcht im Gesicht, bereit, mein Geheimnis zu verteidigen.

Meine Schwester und ich gingen auf eine Waldorfschule, obwohl meine Mutter sich das Schulgeld dafür nicht leisten konnte. Damit die Waldorfschule kein reines Elitenprojekt blieb, wurden pro Klasse immer eine Handvoll Kinder aus ärmeren Familien zugelassen, deren Eltern monatlich nur einen geringen zweistelligen Beitrag für den Schulverein zahlen mussten. Nach der Trennung lebte unsere Mutter von Sozialhilfe, aber natürlich wollte sie, dass wir eine schöne Kindheit hatten, wozu auch eine passende Schule gehörte, die uns förderte und die nötige Bildung vermittelte. Wir sollten bessere Chancen haben als sie. Sie glaubte an das Konzept der Waldorfschule, die es sich zur Aufgabe macht, jedes Kind ganzheitlich zu sehen, das heißt mit seinen Stärken und Schwächen, und dementsprechend auf eine individuelle Förderung setzt. Schwächen und Mängel, die gab es bei uns allemal. Die Probleme meiner Schwester – sie hatte als Frühchen unter anderem mit einer unterentwickelten Lunge zu kämpfen – stachen weniger ins Auge, aber auch sie hatte ihr Päckchen zu tragen. Ich hatte mit Konzentrationsproblemen zu kämpfen, mit zu viel Energie und Aggression. Nach den Pausen wollte ich nicht in den Unterricht zurück, und im Klassenraum fand ich alles spannend, nur nicht das, was vorn an der Tafel geschah.

Nachdem mein Vater ausgezogen war, schien unsere Welt wie aus den Angeln gehoben, und es war völlig unklar, ob sie je wieder ins Gleichgewicht kommen würde. Der plötzliche Tod meines Klassenlehrers, der während einer Wanderung in den Alpen einen Herzinfarkt erlitten hatte, machte es noch schlimmer. Ich war acht Jahre und ein paar Monate alt und hatte mich nicht länger im Griff. In fast jeder Pause kloppte ich mich mit irgendwem, meist war der Grund vergessen, bevor die letzte Träne getrocknet war. Auch wenn ich nicht der einzige Raufbold der Klasse war, sorgte mein auffälliges Verhalten für Befremden. Ich wurde zum laut polternden Außenseiter, der ständig für Aufregung sorgte.

Es war ein kalter Wintertag nach den Frühjahrsferien in der zweiten Klasse. Kaum hatte die alte Kuhglocke geklingelt, das Signal, dass die große Pause vorbei war, ging es um die Wurst. Wie zur Hölle sollte ich heil zurück in den Klassenraum kommen? Von meiner Schwester konnte ich keine Hilfe erwarten, sie ging in die fünfte Klasse und verbrachte ihre Pausen in einem anderen Teil des Pausenhofs. Wenn ich mich mit älteren Schülern anlegte, was immer mal wieder vorkam, konnte ich mich sonst auf ihre Hilfe und ihr Verhandlungsgeschick verlassen, doch an diesem Tag war ich auf mich allein gestellt. Auf dem mit Rinde bedeckten einzigen Weg zurück ins Schulgebäude wurde ich von meinen Mitschüler:innen erwartet. Mich rechts zwischen den kahlen Bäumen und Büschen am Zaun entlang vorbeizudrücken, war keine Option, sie würden mich kommen sehen. Wo war die kleine Außenseiterbande, als deren Anführer ich mich sah, wenn man sie brauchte? Mitja mit dem weizenblonden Pilzkopf, der mit Holzschuhen und Lederrucksack zur Einschulung erschienen war, Benni, der Lulatsch, und Sven, dessen Vater gestorben war. Wenn's darauf ankam, stand ich allein da, so war es schon immer gewesen. *Meine Freunde sind feige, aber ich werd mich wehr'n.*[1] Ich musste da jetzt durch. Ich ging los, doch schon nach wenigen Metern wurde ich von der Seite angerempelt. Ich hörte sie lachen, die Jungs aus meiner Klasse. Egal, weiter. Zu meiner Linken war die Mauer, rechts hatte ich zwei, drei Meter, bei einer Attacke bliebe kaum Platz, um auszuweichen. Vor und hinter mir gingen ahnungslose Schüler:innen aus anderen Klassen vom Schulhof in Richtung Schulgebäude, die nicht sahen, für welchen Krieg sie gerade als Statist:innen herhielten. So gut es ging, versuchte ich, mich zwischen ihnen zu verstecken, aber ich hatte keine Chance. »Na, du Feigling«, rief Laura mir zu, im Gesicht ein dämonisches Grinsen. Lauras Freundin Clara ging das nicht weit genug. Ein Batzen Spucke verließ ihren vor Wut verzerrten Mund und traf mich

1 Tua, *Vorstadt*, aus dem Album *TUA* (Chimperator Productions 2019)

im Gesicht. Mir blieb keine Zeit, die Rotze wegzuwischen. Ich spuckte zurück, schubste sie weg, da kamen von links auch schon Tim und Robin. Ich begann zu rennen.

»Wenn sie dich in einer Sandkiste verfolgen, Olivier, weißt du, was du dann machst? Wenn du merkst, dass du nicht schnell genug bist und sie dich gleich eingeholt haben, dann gibst du noch mal alles, und dann musst du dich, so schnell du kannst, fallen lassen und zu einem Päckchen zusammenrollen.« Das Wort Päckchen klang aus dem Mund meines Vaters wie ›Päkschen‹. Er machte es mir vor, während er erklärte, wie ich mich seiner Meinung nach zu verhalten hatte. Er ging vor mir auf die Knie und schlang die Arme schützend um seinen Kopf. »Weißt du, was dann passiert, *mon fils?*« Er guckte zu mir hoch, ich schüttelte den Kopf. Mein Vater rappelte sich wieder auf. »Wenn du es richtig anstellst, dann stolpern sie über dich, und du stehst schnell wieder auf und kannst sie treten.« Er machte es mir vor.

Und was ist, wenn weit und breit keine Sandkiste zur Verfügung steht, in die ich mich fallen lassen kann, ohne mich zu verletzen, Papa? Das hätte ich ihm in dem Moment gern zugerufen, während ich über den asphaltierten Schulhof ins Schulinnere flüchtete. Da er mich aber nicht hören konnte, und weil mein Gesicht noch von Claras Spucke glänzte, hielt ich den Mund und lief. Im Schulgebäude angekommen, drängelte ich mich durch, bis ich in der Jungstoilette ankam. Ich nahm mir Papier aus dem Spender, verdrückte mich in eine der Kabinen und wischte mir das brennende Gemisch aus Rotze und Tränen aus dem Gesicht.

Montag, 24. Juni 2019 11.20 Uhr

Alles ergibt plötzlich einen Sinn, schoss es mir unwillkürlich durch den Kopf, als mir die Therapeutin meine vorläufige Diagnose mitteilte. »Verdacht auf eine posttraumatische Belastungsstörung«, steht auf einem Zettel, den ich fortan zu anderen Therapeut:innen tragen darf, mit dem Ziel, dass sie mich als Patienten annehmen. Die extreme Geräuschempfindlichkeit, die binnen Sekunden hochkochende Wut, wenn Leute sich auf der Straße anpöbeln, die geringe Belastbarkeit, das Verlangen nach Ruhe, das Gefühl, dass selbst alltägliche Dinge schnell aus dem Ruder geraten, die Überzeugung, dass schöne Dinge nur an mir vorüberfliegen, aber nie haltmachen: Ja, all das würde plötzlich Sinn ergeben.

Der Blick der Therapeutin verriet Mitgefühl. Brauche ich nicht, habe ja keinen Krebs, denke ich. Nett ist sie trotzdem. Natürlich sei die Diagnose nur vorläufig und unter Vorbehalt, aber die Krankenkasse verlange eine Einordnung, erklärte sie mit sonorer Stimme. Wenn das stimmt, was da auf dem Zettel vor meiner Nase steht, schleppe ich dieses Fass nun schon seit annähernd dreißig Jahren mit mir herum: Mit ihm bin ich durch meine Schulzeit gestolpert, habe in Dutzenden Jobs gearbeitet, meine Schauspielschule gemeistert und mehrere Beziehungen geführt. Mein bisheriges Leben trägt nun den Stempel *Posttraumatische Belastungsstörung*. Eines ist klar: Wenn ich tatsächlich psychische Probleme habe, liegt der Grund dafür in meiner Kindheit. Aber Moment mal, ist PTBS nicht diese Soldatenkrankheit? Ich schaue nach und mache bei rund der Hälfte der gegoogelten Risikofaktoren vor meinem inneren Auge einen Haken.

Fehlende emotionale Unterstützung seitens der Eltern: ✓
Aufwachsen in Armut: ✓
Aufwachsen bei einem alleinerziehenden Elternteil: ✓
Kriminalität, Dissozialität oder psychische Störungen eines Elternteils: ✓
Fehlende familiäre Harmonie: ✓

Ich muss unweigerlich an den vergangenen Freitag denken. Lucie und ich waren verabredet. Pünktlich klingelte ich an der Tür ihrer WG, doch sie machte nicht auf. Geduldig versuchte ich es noch zwei- oder dreimal, dann rief ich auf ihrem Handy an. Sie nahm nicht ab. Ich schaute durch die Fensterscheibe ihres Zimmers, nichts. Langsam ergriff mich die Panik. Ich lief um den Häuserblock herum, um im Innenhof nachzusehen, ob man von dort in die Küche schauen kann. Da glaubte ich bereits abwechselnd, dass sie umgekippt war oder dass jemand sie entführt haben könnte. Von solchen Fällen hört man ja immer wieder. An das Küchenfenster im Hof kam ich nicht heran, es lag zu hoch. Ich hatte es tiefer in Erinnerung. Das kleine Badfenster stand offen, aber trotz meiner Rufe blieb Lucie verschollen. Wieder lief ich vor die Haustür, klingelte, klopfte, rief. Mit einem Blick auf meine Uhr stellte ich fest, dass zwölf Minuten vergangen waren, seit wir verabredet waren. Auf der Rückseite versuchte ich mein Glück erneut, irgendwie musste man doch hochklettern können, um in die Küche zu schauen, nicht dass sie da irgendwo lag. Innerhalb weniger Minuten hatte ich mich von einem scheinbar normalen Menschen in einen emotionalen Zombie verwandelt. Olivier David, seit zwölf Minuten Gefangener seines Panikschädels. Gerade wollte ich mithilfe eines Brettes, das ich aus dem Gebüsch gezogen hatte, die Fassade zum Fenster hochklettern, da klingelte mein Handy. Auf dem Display stand ihr Name. Vierzehn Sekunden dauerte das Telefonat, nur ich redete, hörte aber nichts, da ich keinen Empfang hatte. War ich eben noch panisch, verlor ich nun vollends die Kontrolle. Ich stürmte wieder ums Haus herum zur Eingangstür, da sah ich sie stehen und lächeln. »Alles ist gut«, versuchte sie mich zu beruhigen, aber bei mir war nichts mehr gut, mein Zustand war besorgniserregend. Ich fiel ihr in die Arme, und für die nächsten zwanzig Minuten war ich am Boden zerstört. Ich war emotional so hinüber, dass ich nicht einmal weinen konnte. Vom einsetzenden Hyperventilieren waren meine Arme ganz schwer, die kleinen Finger an beiden Händen waren taub und kribbelten zugleich. Sie hatte Baklava für unseren Ausflug gekauft und mich an der Bushaltestelle abholen wollen. Meinen Bus hatte sie verpasst, darum wartete sie die nächsten drei Busse ab. Als ich dann immer noch nicht kam, ging sie schließlich zurück. Eine Bagatelle für die Menschheit, für mich ein Vorfall, der meine Grundfeste ins Wanken brachte.

Ich freue mich auf meine nächste Therapiestunde, denn es gibt viel zu besprechen. Die geschilderte Situation ist quasi eins zu eins vergleichbar mit der an jenem Tag, an dem ich mit vierzehn nach Hause kam und meine Mutter nicht zu Hause war, obwohl sie es hätte sein sollen. Erst wurde ich unruhig, dann verlor ich die Kontrolle über mein logisches Denken, rannte raus auf die Straße, rief ihren Namen, lief die Straße hoch zum Platz und wieder zurück, dann bis zum Einkaufszentrum und wieder zurück. Schließlich kam sie mir entgegen, völlig entspannt. Ich fing an zu heulen. Sie hatte sich nichts angetan, sie war einfach nur kurz einkaufen gewesen.

Die wilden Siebziger

Meine Eltern lernten sich irgendwann im Laufe des Jahres 1979 in einer Eimsbütteler Eisdiele kennen, in der es neben verschiedenen Eissorten und Kaffee auf Nachfrage auch harte Drogen zu kaufen gab. Michel, der kleine Franzose mit dem braunen Lockenkopf aus einem Pariser Vorort, und Petra, das Mädchen aus ärmlichen Verhältnissen vom östlichen Stadtrand Hamburgs. Nachdem Petra und Michel sich über gemeinsame Freunde schon ein paarmal begegnet waren, kam es zu einem ersten Deal. Petra hatte von ihrem letzten Trip nach Berlin hundert LSD-Pillen im Gepäck, und in Michel fand sie einen nervösen, aber willigen Käufer.

Mit siebzehn war Petra von zu Hause abgehauen. Die Schläge ihres Vaters, der ständige Psychoterror, die ewigen Lügen, um sich auch nur kleinste Freiheiten zu erkämpfen, das alles wurde zu viel. Als Kind eines Haustyrannen, den Folter und KZ-Haft während der Nazizeit hart gemacht hatten, und einer Mutter, die es nicht vermochte, Widerworte zu geben, lebte sie ein richtiges Hundeleben. Dann lieber arm und frei als arm und gefangen in einem Korsett aus sozialer Kälte und Angst vor dem nächsten Wutausbruch des unberechenbaren Vaters.

Nach ihrer Flucht kam Petra zunächst bei Freund:innen unter, die ein wenig älter waren als sie, und in den kommenden Jahren wohnte sie mal hier, mal dort. Die Ausbildung in einer Anwaltskanzlei brach sie ab, ebenso wie Jahre später eine Ausbildung zur Erzieherin. Die Ausbildungen durchzustehen, dazu fehlte ihr schlicht die Kraft. Früher war die Schule eine

Flucht von zu Hause gewesen, weshalb sie gern hingegangen war. Jetzt aber, da das Chaos in ihr herrschte und sie alle paar Monate umzog, verfügte sie nicht über das notwendige Durchhaltevermögen, um wenigstens den Hauch einer Chance zu haben.

Je prekärer ein Mensch lebt, desto kürzer wird der Zeitraum, in dem er die Kontrolle über seine Ziele und sein Handeln hat. Die Umstände, in denen sie aufgewachsen war, erzeugten einen hohen Leidensdruck, der ihr die Energie und Kraft raubte, sich langfristig aus ihrer Situation zu befreien. Wäre es nach dem Willen ihrer Eltern gegangen, sie hätte ihre Schullaufbahn bereits nach der Hauptschule beendet. »Du heiratest ja doch, wozu brauchst du dann den Realschulabschluss«, hatte ihre Mutter einmal zu ihr gesagt. Der Realschulabschluss, den sie sich erstritt, war also schon eine kleine Revolution. Weiter ging es nicht, zumindest nicht linear. Dafür sammelte sie in jungen Jahren allerhand Erfahrungen, von denen ihre Eltern nichts ahnten. Sie probierte sich aus: Haschisch, Pilze, LSD – nur Alkohol war nie wirklich ihr Ding.

Mit Michel hatte sie bald einen charmanten und experimentierfreudigen Abenteurer an ihrer Seite. Kaum eine Droge, die er noch nicht ausprobiert hatte. Das, was noch fehlte, holte er nach, als er und Petra ein Paar wurden. Über mehrere Wochen hinweg spritze sich Michel Kokain direkt in die Venen, anstatt es zu schniefen. So war die Wirkung stärker. An Schlaf war in dieser Zeit nicht zu denken, so heftig ballerte das Koks durch seinen kleinen Körper, an dem vieles auffallend groß war: die Nase, die Ohren, die Stirn. Michel rauchte täglich Hasch, zwischendurch experimentierte er ein wenig mit Heroin, später auch mit Opium. Und er dealte. Hauptsächlich mit Hasch, in Spitzenzeiten wurde er mehrere Hundert Gramm am Tag los, als Stammdealer im Café Falke. Und wenn es mal ein paar Pillen zu verscheuern gab, warum nicht? Schon mit Anfang zwanzig hatte er mehr von der großen weiten Welt gesehen als seine Mutter, die vier Kinder geboren und die deutsche Besatzung überlebt hatte.

Anders als Petras Vater, der als Hilfsarbeiter jobbte und nachts auf die Felder der Umgebung schlich, um Gemüse zu stehlen, hatte es Michels Vater auf die Universität geschafft. Als Ingenieur war er die meiste Zeit außer Haus, oft auf Reisen in Europa und Asien. Da er aber vier Söhne und eine Frau zu versorgen hatte, war das Portemonnaie am Ende des Monats trotzdem oft leer. Obwohl es bei beiden Familien häufig nicht reichte, war es die vorhandene Bildung von Michels Vater Jacques, die den Unterschied zwischen beiden Familien machte. Aufgrund seiner Reisen und durch den Beruf begriff Jacques sich als Mann von Welt. Die Konsequenz, die sich daraus ergab, nämlich, dass Michel sich, abgestoßen von der ewigen Besserwisserei seines Vaters, nach einer anderen Lebensrealität umguckte, war allerdings dieselbe wie bei Petra. Beide wurden sie erdrückt durch die Enge des elterlichen Heimes.

Mit jedem Mist, den Michel baute, wuchs der Abstand zu seinem Vater. Also sorgte Michel konstant für Aufregung. Im Alter von sechzehn Jahren band er eines Morgens eine dicke Kette um das Schultor. Als sich die Schüler:innen vor dem Eingang stauten, lief er umher und verteilte anarchistische Flaggen. Ein Jahr später wurde er von seinen Eltern auf ein Internat nach Rouen geschickt. Lange hielt Michel es dort nicht aus, nach einem halben Jahr haute er ab. Damit seine Flucht nicht auffiel, schlich er sich eine Zeit lang frühmorgens vor seinem

Elternhaus in Mantes-la-Jolie herum und wartete darauf, dass der Postbote die Nachricht aus dem Internat über sein Fernbleiben ablieferte, um sie aus dem Briefkasten zu fischen, bevor seine Eltern sie lasen.

Als er zwanzig war, unternahm Michel mit einem Freund eine Reise nach Wiesbaden. Dort machten die beiden die Bekanntschaft mit einem G.I., der ihnen ein Geschäft vorschlug: Michel sollte nach Hamburg fahren und dort von dem Geld des G.I. LSD kaufen, das dieser dann in der Kaserne unter seinen Kameraden verkaufen wollte. Am Ende würden alle davon profitieren. Michel fuhr also nach Hamburg, doch irgendwie blieb er in der Hansestadt hängen, und der G.I. sah sein Geld nie wieder. Nach ein paar Monaten wurde Michel schließlich mit einer ALDI-Tüte voll Hasch bei einer Kontrolle im Café Falke festgenommen, es folgten drei Wochen in der Untersuchungshaftanstalt am Dammtor. Die beiden Menschen, die später einmal meine Eltern werden würden, kannten sich zu dem Zeitpunkt schon, und wer schickte Michel einen Anwalt? Meine Mutter natürlich.

Für ihn ging es damals nicht zum letzten Mal in den Knast. Ein paar Monate nachdem er freikam, fuhr er erneut ein, diesmal gleich für mehrere Monate. Einer seiner Kunden hatte ihn verpfiffen, nachdem dieser von der Polizei erwischt worden war.

Es sollte noch einige Jahre dauern, bis Petra und Michel Eltern wurden. Nach dem zweiten Mal im Gefängnis betrieb Michel sein *Bisnes* zwar weiter, aber er wurde vorsichtiger. Auf keinen Fall wollte er ein drittes Mal ins Gefängnis.

In einem Teeladen begann Michel eine Ausbildung zum Einzelhandelskaufmann. Auch Petra, die seit ihrer Flucht von zu Hause nie zur Ruhe gekommen war – erst schloss sie sich einem politischen Lesezirkel vom Kommunistischen Bund an, in dem sie ihren Durst nach Bildung zu stillen versuchte, später landete sie in der Drogenszene –, fand durch die Beziehung mehr zu sich selbst. Von einem auf den anderen Tag hörte sie mit dem Rauchen, dem Kiffen, ja, mit allen anderen Drogen auf. Über einen Freund lernten sie und Michel die Hare-Krishna-Bewegung kennen, eine Sekte, die durch Beten und Askese ihrem Gott Krishna näherkommen will. Doch wie das so ist, wenn die Psyche erst einmal ins Ungleichgewicht geraten ist, die Probleme, die sie über all die Jahre aufzulösen versucht hatte, kamen genau in dem Moment zum Vorschein, in dem sich ihnen der Raum dafür bot. Mit dem Umzug in eine gemeinsame Wohnung etwas außerhalb ihres Viertels schlidderte sie in eine handfeste Depression.

Montag, 24. Juni 2019 12.05 Uhr

Gerade habe ich meiner Mutter von der Verdachtsdiagnose PTBS erzählt. Erst guckte sie traurig, dann hellte sich ihr Gesicht etwas auf, vielleicht weil sie sah, dass ich jetzt die Kraft habe, mich auf eine Therapie einzulassen, mich sogar darauf freue, meine Baustellen anzugehen. PTBS ist auch bei ihr eine von mehreren Diagnosen, typisch für Menschen mit Gewalterfahrung in der Kindheit.

Sonntag, 30. Juni 2019 22.30 Uhr

Gestern waren Lucie und ich im Thalia Theater an der Gaußstraße. Das Stück hieß *In der Schwebe,* Regie führte irgendein kettenrauchender Endzwanziger. Die Schauspieler schrien sich so lang an, bis sie bei mir einen Kurzschluss verursachten. Erkenntnis: Theater ist ein Raum für heile Leute, die sich mit ihrer Eintrittskarte Nachhilfe in Empathie erkaufen, um wenigstens im geschützten Raum mitzuerleben, wie beschissen es anderen Menschen geht. Fast alle Zuschauer waren gut gekleidet und wirkten belesen, saßen gerade und schauten interessiert. Normales Theaterpublikum also. Ich fühlte mich nicht zugehörig, wie so oft. Das Stück handelte von zwei Geflüchteten, die sich zufällig in dem Land begegneten, in dem sie Zuflucht gefunden hatten. Der eine fand heraus, dass der andere zu den Rebellen übergelaufen war und seine Schwester vergewaltigt hatte. Um das herauszufinden, musste er permanent schreien. Lucie und ich saßen nur einen Meter von der kleinen Bühne entfernt, über siebzig Minuten starrten wir nach oben, als säßen wir in der ersten Reihe vor einer riesigen Kinoleinwand.

Das Geschrei katapultierte mich per Knopfdruck in das Zuhause meiner Kindheit zurück. Ich war ungefähr fünf Jahre alt. Meine Eltern brüllten sich in der Küche an, mal wieder. Nicht so, wie es in Vorabendserien hin und wieder mal kracht, eher ein Gleich-fliegen-hier-die-Löcher-aus-dem-Käse-Geschrei. Meine Schwester und ich lagen schon in unseren Stockbetten, doch von den beängstigenden Lauten aus der Küche aufgeschreckt, krabbelte ich wieder heraus und öffnete vorsichtig die Zimmertür. Schon damals spürte ich in solchen Situationen eine Ohnmacht in mir, die mich wie eine unsichtbare Kraft nach vorne trieb. Meine Schwester saß in ihrem Bett, doch obwohl sie älter war als ich, traute sie sich erst nicht aufzustehen. Mein Vater brüllte wie ein Löwe. Ich hatte eine Wahnsinnsangst vor diesem Mann, noch schlimmer war aber das Wissen, dass meine Mutter ihm scheinbar hilflos ausgesetzt war. Wie in Trance wagte ich mich vor, bis nur noch die mit einer Milchglasscheibe versehene Flurtür zwischen mir und meinen streitenden Eltern stand. Stumm fing ich zu weinen an. Ich konnte weder vor noch zurück, also blickte ich mich um. Hinter mir stand meine Schwester und sah mich an. Wie kleine Rehkitze standen wir so eine gefühlte Ewigkeit im Niemandsland zwischen Kriegsgebiet und Kinderzimmer, den Wunsch einzuschreiten im Herzen, die Körper jedoch starr vor Furcht. Irgendwann hörte man einen Schlag, dann nur noch unsere heulende Mutter, die unseren Vater anschrie.

Diese Erinnerung ist, wie so viele Erinnerungen an damals, schwach und konturlos. Meist habe ich nur einzelne Situationen vor Augen, wenn überhaupt. Oft sind es dumpfe, diffuse

Gefühle von Angst oder Taubheit, der Rest ist gut verschlossen in Watte gepackt und lagert irgendwo ganz hinten in der Asservatenkammer meines Gehirnes.

Nachdem das Theaterstück endlich vorbei und der letzte Applaus verhallt war, brauchte ich den gesamten Abend, um wieder klarzukommen. Das war's erst mal für mich mit Theater. Geld ausgeben, um mich in die Einzelteile meiner Kindheit zerlegen zu lassen, das muss wirklich nicht sein.

Schneckenhaus

Ein paar Monate nachdem unsere Eltern sich getrennt hatten, ging der kleine Bioladen meines Vaters, den er zwei Jahre zuvor im Einkaufszentrum um die Ecke eröffnet hatte, den Bach runter. Zu viele Schulden, zu viel Chaos, zu wenig Planung. Mein Vater war kein guter Geschäftsmann, zumindest nicht im klassischen Sinn. Er kündigte seinen Mietvertrag, ein Bekannter übernahm den Bioladen, und sein Ausflug in die Welt der legalen Kaufleute war fürs Erste Geschichte. Schon bald dealte er wieder, nur dass ich damals noch nicht wusste, was er da trieb. Als ich ihn bei meinem ersten Besuch in seiner WG fragte, wofür die Lampen hinter dem Schuhregal gut seien, antwortete er ausweichend, es gefiele ihm eben, wenn das Regal von hinten beleuchtet sei.

Zurück zu Hause klärte meine Mutter mich auf. Es handele sich um Wärmelampen für das Gras, das mein Vater züchte und verkaufe, und Gras sei eine Droge, und Drogen seien verboten, wenn die Polizei davon wüsste, auweia. Rächte sie sich dafür, dass ihr Mann sie schlug, indem sie ihrem neunjährigen Sohn en détail erklärte, was sein Vater da trieb? Dass mein Vater anders war als die Väter meiner Mitschüler:innen, das hatte ich nun schwarz auf weiß. Der Feind meines Vaters war die Polizei, und da ich nicht wollte, dass er Ärger bekam, funkelte ich Polizist:innen fortan böse an, wenn ich sie sah.

In dem Viertel, in dem ich aufwuchs und zur Schule ging, sicherte die Tatsache, dass mein Vater dealte, weder ihm noch uns einen Exotenstatus. In den 1990er-Jahren war das »rote« Altona noch ein großer Abenteuerspielplatz für Menschen mit wenig Geld. Zwar lebten hier damals schon Lehrer:innen, Künstler:innen, Handwerker:innen und Studierende, aber noch waren die einfachen Arbeiter:innen in der Überzahl, noch waren die Mieten in der Straße, in der ich aufwuchs, für arme Menschen erschwinglich, noch mussten die Nachbar:innen von gegenüber in den graubraunen Häusern sich ihre Toiletten auf dem Flur mit anderen teilen, und noch immer wohnten in fast jedem Haus in meiner Straße ein oder zwei Dealer, das waren zumindest die, von denen man wusste.

Ich war etwa fünf, da schmiss jemand dem Dealer, der im Erdgeschoss unseres Hauses wohnte, einen Molotowcocktail ins Badezimmer – wegen nicht bezahlter Drogenschulden, erzählte man sich in der Nachbarschaft. Die Rußspuren der Explosion waren noch jahrelang an der Fassade zu sehen. Der Mann machte sich Hals über Kopf aus dem Staub und ward nie wieder gesehen.

Ich war sieben, da überfiel der Dealer aus dem dritten Stock gegenüber die Sparkasse um die Ecke – ein dünner, stets Muskelshirt tragender Mann mit langen schwarzen Locken und einem wilden Bart. Einmal veräppelte ich ihn, indem ich die Pfiffe seiner Kunden unten vor dem Fenster imitierte, um mich dann, so schnell es ging, zu verstecken, sodass er umsonst aus dem Fenster schaute. Die Polizei kam ihm schon wenige Minuten nach dem Überfall auf die Schliche. Er war beobachtet worden, wie er auf direktem Weg die zweihundert Meter nach Hause lief. Ich bemerkte das Sondereinsatzkommando vor der Tür und rief: »Mama, Mama, da stehen Polizisten mit Gewehren vor dem Fenster!«

Ungefähr zu dieser Zeit beantragte unsere Mutter ein Tor, das den Hinterhof zur Straße hin absperrte, nachdem wir beim Spielen in der Sandkiste Spritzen gefunden hatten.

In der Wohnung über uns wohnte eine portugiesische Familie, der Nachbar neben uns kam aus Ghana. Bis auf wenige Ausnahmen gab es in unserem Haus kaum deutsche Familien, dafür jede Menge türkischstämmige. Die Männer im Haus trugen Schnauzer und fuhren nachts oder frühmorgens Brot aus, wenn sie denn Arbeit hatten. Man wohnte zu viert, fünft oder sechst in Zwei- bis Dreizimmerwohnungen. Gab es irgendwo Streit, verstand man jedes Wort, vorausgesetzt, man konnte die Sprache. Eine Sprache verstand jedoch jeder, sie drang durch die dünnen Wände und Decken oder die offenen Balkon- und Terrassentüren: Backpfeifen und Schläge. Mal gab es welche für die Kinder, verteilt von wütenden Vätern, mal setzte es Hiebe für die Frauen. In den Häusern, die an unseren Hinterhof grenzten, dürfte es kein Kind gegeben haben, das nicht mit den durch Fenster und Wände dringenden Geräuschen von Schlägen aufwuchs.

Einmal war es besonders schlimm. Durch das offene Küchenfenster hörte ich die Schreie einer Frau aus dem Hinterhof. Wir wohnten im Erdgeschoss, und ich ging auf die Terrasse, um zu horchen, ob ich mich geirrt hatte. Es hörte sich an, als versuche sie, sich in Sicherheit zu bringen. Es rumpelte, etwas fiel zu Boden. »Nein, nein, bitte nicht«, flehte die Frau. Vergeblich, der männliche Part schlug auf sie ein, zumindest ließen ihre Schreie und das Klatschen von Haut auf Haut keinen anderen Schluss zu. Da das Fenster, hinter dem ich die Szene vermutete, von einem dicken Busch verdeckt wurde und, wie zum doppelten Schutz, die Gardinen der Wohnung stets zugezogen blieben, sah ich nicht, was sich in dem Zimmer tatsächlich abspielte. Die Frau heulte nun in einem erbarmungswürdigen Ton, dabei trafen sie weitere Schläge. Irgendwann wurden die Schläge zu einem Stoßen, und dieses Stoßen wurde rhythmisch. Die Frau wimmerte und stöhnte, und auch der Mann gab nun Töne von sich. In demselben Tempo, in dem die Gewalt anschwoll, überfiel mich das vertraute Gefühl der Ohnmacht. Ich wollte helfen, doch was konnte ich tun? Ich war ungefähr zehn Jahre alt zu dem Zeitpunkt, aber ich begriff, dass es sich hierbei nicht länger um Schläge handelte, dafür war das »Nein, nein« und das Schluchzen der Frau zu rhythmisch. Ich rannte zu meiner Mutter. »Komm mal schnell auf die Terrasse, da schlägt einer seine Frau und macht Sex mit ihr«, rief ich. Meine Mutter kam, hörte, was ich hörte, auch wenn die Intensität mittlerweile abgenommen hatte, und entschied, dass das, was da vor sich ging, nicht unser Bier sei. Ich blieb zurück mit diesem beispiellosen Gefühl von Ohnmacht, weil ich der Frau nicht helfen konnte. In anderen Fällen war meine Mutter keineswegs so zurückhaltend. Mehr als einmal bot sie Frauen aus dem Haus an, die Polizei zu rufen, oder fragte, wenn sie Schläge hörte, wie sie helfen könne. Doch, so erzählt es meine Mutter, die Nachbarinnen hätten die Hilfe ausnahmslos abgelehnt. In unserer Straße war häusliche Gewalt Privatsache.

Wenn ich an unsere Wohnung denke, dann sehe ich den PVC-Boden vor mir, der in der Küche und im Flur auslag und auf dem meine nackten Füße ein schmatzendes Geräusch erzeugten. Ich erinnere mich daran, dass zu wenig Licht von draußen den Weg hineinfand, aber auch drinnen waren nie genug Lampen an, um dem andauernden Halbdunkel etwas entgegenzusetzen.

In den Zimmern standen nur wenige Möbel: ausgeblichene Sessel, Holzschreibtische, kleine Regale, als wäre alles darauf ausgelegt gewesen, dass man möglichst schnell und mit wenig Aufwand wieder ausziehen konnte. Dabei gab unsere Mutter diese Wohnung mit der Terrasse und dem wenige Quadratmeter großen Garten über mehrere Jahrzehnte nicht auf.

Es war meist still, oft zu still. In den Familien meiner Eltern spielte Musik eine untergeordnete Rolle, und das hörte man der Wohnung an. Ich verbinde auch keinen bestimmten Geruch mit unserem Zuhause, was wohl daran liegt, dass unsere Mutter jeden Anflug eines Geruches weglüftete, bevor er sich ausbreiten konnte. In jedem Zimmer, auf allen Tischen, Ablagen, sogar auf dem Boden, herrschten OP-Bedingungen, so oft wischte, saugte, schrubbte und polierte meine Mutter die Wohnung – und meinte doch eigentlich ihr Inneres. Auch meine Schwester und ich blieben von ihrem Sauberkeitsfimmel nicht verschont. Nach der Dusche mussten Badewanne und Kacheln erst abgespült und anschließend trocken gewischt werden. Anschließend wischte ich auf allen vieren den Boden. Abends putzten wir unsere Schuhe, bis sie glänzten. Das Schuheputzen war nötig, um die Schuhe, solang es ging, zu erhalten, weil das Geld knapp war. Das, was man an Kleidung besaß, sollte picobello aussehen, auch wenn es das nur selten tat. Weitere Aufgaben waren regelmäßiges Staubwischen im Zimmer, Müll rausbringen, Wasser einkaufen.

Keine dreißig Meter Luftlinie von meinem Kinderzimmerfenster gab es ein Haus, an dessen Fassade die Gerippe Dutzender Fahrräder hingen und in dem andauernd die Post abging: das Punkerhaus »Lobusch«, das nach dem Namen der Straße benannt war, in der es stand. Irgendwann in den 1980ern war es besetzt worden, doch mittlerweile hatten sich die Bewohner:innen einen regulären Mietvertrag erstritten. Wegen ihrer wilden Partys schlief ich an den Wochenenden oft erst spät in der Nacht ein.

Unsere Straße am Sonntagmorgen: Aus dem Wohnzimmer des ghanaischen Nachbarn, das an mein Kinderzimmer grenzte, schallte afrikanischer Reggae zu mir herüber. Ich kletterte aus meinem Bett, öffnete das Fenster, um frische Luft reinzulassen, doch stattdessen roch es süßlich nach Pisse. Irgendwo kläffte ein Köter. Wenn man besonders gute Ohren hatte und gerade keine Autos vorbeifuhren, hörte man im Hintergrund das beruhigende Brummen und dumpfe Poltern der Containerschiffe im Hafen. Guckte ich an den Fassaden der Häuser gegenüber hoch in die Wolken, schien es, je länger ich schaute, als bewegten sich die Häuser, nicht die Wolken. Wenn ich es schaffte, nicht zu blinzeln, meinte ich bald, unsere ganze Straße wäre in Bewegung.

Diese Erinnerung an meine Straße, die sich wie von Zauberhand durch die Wolken schiebt, der Geruch von Pisse, die Geräusche des Hafens, der fließende Verkehr, das alles erzeugt ein Gefühl von Heimat in mir.

Der Auszug unseres Vaters hatte gleich zwei positive Konsequenzen: Es wurde weniger gestritten, und meine Schwester und ich hatten endlich jeweils ein eigenes Zimmer. Das wurde auch bitter nötig, denn mit elf Jahren war sie längst aus dem Alter heraus, in dem es noch schön war, sich mit dem kleinen Bruder ein zehn Quadratmeter kleines Zimmer zu teilen. Während ich noch immer ganz vernarrt in sie war, kapselte sie sich von mir ab. Auch wenn ich sie abgöttisch liebte: Ein eigenes Zimmer zu haben, war auch für mich etwas Wunderbares.

Was sich allerdings nicht zum Guten wendete, war unsere finanzielle Situation. Nach der Trennung waren wir auf Sozialhilfe angewiesen. Auch vor den Hartzreformen reichte das Arbeitslosengeld kaum für das Nötigste, zumal unser Vater keinen Unterhalt zahlte. Ich war elf Jahre alt, als ich eines Tages in die Küche kam und meine Mutter weinend auf dem PVC-Küchenboden vor dem leeren Kühlschrank kauern sah. Sie wisse nicht, wovon sie einkaufen gehen sollte, rief sie mir in ihrer Verzweiflung entgegen.

Als ich meine Mutter kürzlich auf diese Situation ansprach, fiel sie aus allen Wolken. So verzweifelt, dass sie nicht gewusst habe, wovon sie uns etwas zu essen kaufen sollte, sei sie nur ein einziges Mal gewesen, sagt sie. Mein Vater hatte meine Mutter mit einem beträchtlichen Teil seiner Schulden, für den sie gebürgt hatte, alleingelassen. Als sie die Raten nicht zahlen konnte, wurde ihr Konto gepfändet und für kurze Zeit gesperrt, sodass sie kein Geld abheben konnte. Nach ihrem Einspruch wurde es aber ziemlich schnell wieder freigeschaltet, da man festgestellt hatte, dass eine alleinerziehende Mutter mit zwei Kindern ohne Unterhalt des Vaters – und vor allem ohne Job – wohl schwerlich überhaupt irgendetwas zahlen konnte.

Für meine Mutter ist es schwer nachvollziehbar, dass mich diese für sie einmalige und daher leicht zu vergessene Szene geprägt hat. Viel besser als ich erinnert sie sich an die Ausflüge, die wir unternahmen, an Geburtstagsgeschenke, an Spaziergänge, ans abendliche Vorlesen. Für mich allerdings ist diese Szene in meinem Kopf zu einem symbolträchtigen Bild eingefroren.

Kein Geld zu haben, bedeutet für mich, konkrete Situationen aushalten zu müssen, die in der Lebensrealität anderer Kinder keine Rolle spielen. Vor jeder Klassenfahrt mussten meine Schwester und ich vom Amt einen Unterstützungsbescheid beantragen, damit die Kosten für die Reise übernommen wurden. »Alle Kinder, die einen Bescheid vom Amt haben, geben den jetzt bitte vorn bei mir ab«, rief die Lehrerin in der Woche vor der Klassenfahrt am Ende einer Schulstunde. Der Moment, vor dem ich mich gefürchtet hatte, war eingetreten. Das Letzte, was ich sah, bevor ich meinen *Walk of Shame* zum Lehrerpult antrat, war Antonia, meine Mitschülerin, in die ich vernarrt war. Wie immer war sie schneller als ich und meisterte die Situation mit dem Zettel in der Hand souverän, als könnte ihr das alles nichts anhaben. Kurz bewunderte ich sie noch, dann hatte ich das Formular in den Tiefen meines Schulranzens gefunden und machte mich ebenfalls in Richtung Pult auf. Auf dem Weg nach vorn kroch mir die Hitze unter meinem Baumwollunterhemd in den Kopf. Mein Herz wanderte gemeinsam mit der Hitze nach oben und pochte dort im Exil einen Drum-'n'-Base-Rhythmus, der überall im Klassenzimmer zu hören sein musste.

Später änderten sich die Situationen, doch das unangenehme Gefühl der Scham wurde zu einer zweiten kratzigen Haut: Mit vierzehn trug ich, Seite an Seite mit türkischen und kurdischen Jungen und Mädchen, Zeitungen aus. Es erforderte eine besondere Gabe, bei dieser Tätigkeit nicht von meinen im Viertel wohnenden Mitschüler:innen gesehen zu werden, denn ich schämte mich für diesen Job. Wenn ich als Kind nicht mal einen *Sou* in der Tasche hatte, war das so weit nichts Ungewöhnliches, ich kannte kaum ein Kind, das von sich behauptet hätte, genug Taschengeld zu bekommen. Hatte unsere Mutter aber ebenfalls kein Geld, schämte ich mich für sie, weil ich wusste, dass es bei den meisten Eltern meiner Mitschüler:innen anders aussah. Ich schämte mich, wenn ich mit dem Trolley meiner Mutter zum Wassereinkaufen geschickt wurde, zu einer Zeit, in der solche Trolleys noch Symbole armer türkischer oder bulgarischer Mütterchen waren.

Was genau ist Armut?, kann man sich an dieser Stelle fragen, denn die Art von Armut, in der meine Schwester und ich aufwuchsen, bedeutete nicht hungern oder sich bei der Tafel anstellen zu müssen, sie bedeutete nicht, in dreckigen Lumpen in die Schule gehen zu müssen. Ich hatte einen richtigen Schulranzen und trug meine Hefte und Stifte nicht in einer ALDI-Tüte zur Schule, so wie ein anderer Schüler aus meiner Klasse. Das Geld war zwar ständig knapp, dennoch war unsere Armut subtiler. Das meiste davon spielte sich im eigenen Kopf ab, aber genau diese unsichtbare Barriere ordnete mich ein, wies mir den Platz zu, von dem ich glaubte, er wäre meiner. Die Barriere zeigte sich zum Beispiel, wenn der Dom, der Sommer-Jahrmarkt auf dem Heiligengeistfeld, seine Pforten öffnete und die Kinder um mich herum sagten: »Geil, lass am Wochenende auf den Dom gehen«, und ich mich von selbst limitierte, weil ich wusste, meine Mutter würde es mir nicht erlauben. Also sagte ich: »Dom? Ach nee, das ist doch doof.«

Menschen, die in Armut leben, werden nie wissen, welche Entscheidungen sie getroffen hätten, hätten sie eine wirkliche Wahl gehabt: Wenn jedes zu teure Preisschild einem Verbot gleichkommt, wenn man sich vor dem Betreten eines Ladens, in dem man sich die Produkte nicht leisten kann, wie Falschgeld fühlt, dann lernt man früher oder später, dass diese Läden nicht für einen gemacht sind. Die Playstation: zu teuer. Der Urlaub auf den Balearen: unerreichbar. Irgendwann werden sogar die Freundschaften zu den Mitschüler:innen anderer sozialer Milieus seltener. So kam es Jahre später auch bei mir. Von zwei Ausnahmen abgesehen brach der Kontakt zu fast allen meinen Mitschüler:innen ab. Es gab zu viel Trennendes – und das ging nicht nur mir so. Die meisten Kinder aus meiner Schulklasse, die aus ärmeren Familien kamen, blieben unter sich und verließen die Schule früher als das Gros der Mitschüler:innen, die aus anderen Verhältnissen kamen. Wobei es da durchaus einen Unterschied zwischen Jungen und Mädchen gibt. Die Mädchen, so war es in meiner Schulklasse, aber das ist auch durch Studien belegt, sind resilienter und haben oft bessere Noten als Jungen mit einer vergleichbaren sozialen Herkunft.

Auch abseits der Schule sprangen mir die Unterschiede entgegen. Nicht selten stellen Dinge, die für viele Menschen selbstverständlich sind, für Menschen aus armen Familien eine Falle dar. Und weil ich nicht immer in solche Fallen tappen wollte, weil ich nicht überall daran erinnert werden wollte, was ich alles *nicht* haben konnte, entwickelte ich mich von Entscheidung zu Entscheidung – getreu dem Motto: Was ich nicht haben kann, das will ich auch nicht – zu einem Außenseiter. Konsole spielen? Finde ich doof. Ausflug in den Heidepark? Ist doch was für Kleinkinder. Ich wurde zu jemandem, der Probleme sah, wo andere ins Träumen gerieten; zu jemandem, der lernte zu schweigen, zu lügen, sich zu drücken; zu jemandem, der die Klamotten seiner Mitschüler nur deshalb nicht mochte, weil er sie sich nicht leisten konnte – weil die Armut mir verbot, Gefallen an ihnen zu finden.

Die Armut, in der ich aufwuchs, äußerte sich darin, erst mit siebzehn Jahren zum ersten Mal in ein Flugzeug zu steigen, während viele meiner Mitschüler:innen bereits die halbe Welt erkundet hatten. Sie äußerte sich mit jedem Schlag unserer vom Leben überforderten Mutter, mit jedem Gebrüll, das als Stärke verkleidete Überforderung daherkam und kein Argument ersetzen konnte. Wir waren arm an Möglichkeiten. Mehr noch als nur das fehlende Geld war es ein Mangel an Handwerkszeug, ein Mangel an Alternativen, der uns in unserer Armut von anderen isolierte.

Aus einer armen Familie zu kommen, bedeutet auch, dass Kochen nichts ist, was Spaß macht und wofür man sich Zeit nimmt. Kochen war eine lästige Qual, die unsere Mutter sich vom Alltag abrang. Bei uns gab es hauptsächlich drei Gerichte, zumindest sind es die, an die ich mich erinnere. Reispfanne, in verschiedenen Variationen (mit und ohne Gemüsestäbchen), Nudeln oder Fertigpizza. Ebenso neue Klamotten kaufen: schnell in den Laden, zack etwas anprobiert, passt nicht, dann weiter. Sobald meine Schwester oder ich ein neues Kleidungsstück brauchten, war die Stimmung höchst angespannt. Hier die Familie, draußen die feindliche Welt. Brauchte ich neue Schuhe, ging meine Mutter mit mir zu Schuh Armbruster in die Neue Große Bergstraße, wo man Treter schon für ein paar Euro kaufen konnte. Ein Laden, in den die anderen Kinder aus der Klasse niemals einen Fuß gesetzt hätten, da nur alte und arme Menschen in ihm verkehrten. Viele Jahre lang hatten wir keinen Fernseher zu Hause, was zum einen eine bewusste Entscheidung meiner Mutter war, aber ein paar Hundert Mark für eine Glotze zu investieren, das war andererseits eben auch nicht drin. Erst spät, für meinen Geschmack viel zu spät, bekamen wir von den Eltern einer Mitschülerin schließlich einen alten Schwarz-Weiß-Fernseher geschenkt. Da war der Zug allerdings schon abgefahren: »Was, *Dragon Balls* kennst du nicht? Hahaha.« Weder die Schuhe noch der fehlende Fernseher waren spielentscheidend, dennoch ordnete mich auch das sozial ein und verwies mich auf den Platz, den ich in meiner Schulklasse und auch später im Leben einnahm. Und trug im Umkehrschluss zu meinem ohnehin schon mangelnden Selbstwertgefühl bei. Weil meiner Mutter und meinem Vater nicht nur Geld, sondern auch Geduld und Nerven fehlten, mir manche Dinge ruhig und gelassen beizubringen, galt ich als begriffsstutzig und tollpatschig, und diese Erzählung schrieb ich unbewusst fort. Zu Hause wurde erwartet, dass mir etwas *nicht* gelang, und so hatte ich schon bald eine Blockade im Kopf, und zwar immer dann, wenn es drauf ankam. Zusammen mit meinen Konzentrationsproblemen und dem zumindest hilflosen Umgang meiner Schule mit Kindern wie mir – die Lösung für meine Hibbeligkeit und meine Konzentrationsprobleme wurde in Einzelstunden Heileurythmie gesucht und nicht in einer ADHS-Diagnose – konstruierte ich langsam, aber sicher ein Bild von mir selbst: das Bild eines am Rande stehenden Klassenclowns, mit überbordender Energie und sprühendem Witz, von dem man aber, was die Leistung anging, nicht viel erwarten durfte.

Die durch den Geldmangel fehlende gesellschaftliche Teilhabe verstärkte die Bedeutung der eigenen Wohnung als Trutzburg für unsere kleine Familie. Für unsere Mutter war die Wohnung ein Schneckenhaus, in das sie sich nach Belieben verkriechen konnte, in der sie ihren Frust löffelweise im Nutella-Glas ersticken konnte. Das hatte zur Folge, dass weder ich noch meine Schwester Freund:innen mit nach Hause brachten, was weniger ein konkretes Verbot als vielmehr eine freiwillige Selbstzensur war. Meiner Schwester und mir war klar, dass es zu Hause für unseren Besuch kaum einen Platz gab. Die seltenen Male, bei denen meine Schwester und ich uns durchsetzen konnten und tatsächlich jemand zu Besuch kam, erzeugten eine Anspannung im Raum, die von meiner Mutter ausging und sich über meine Schwester und mich auf unsere Freund:innen übertrug, bis klar war, dass wir uns beim nächsten Mal lieber draußen oder bei unseren Freund:innen verabredeten. Auch unsere Geburtstage feierten wir allein mit unserer Mutter. Heute darauf angesprochen, sucht sie nach Ausreden. Sie sagt: »Ihr wolltet das selbst nicht, Geburtstag feiern.« Und ich hätte doch eh immer in den Sommerferien Geburtstag gehabt, da seien nun mal viele Kinder nicht zu Hause gewesen. Zuzugeben, dass unsere Isolation auch etwas mit ihren Depressionen zu tun hatte, mit ihrer Überforderung, mit ihren geringen finanziellen Mitteln, fällt ihr nicht leicht. Dabei kann sie gar nichts dafür. Sie wurde arm und mit einer dicken Kugel aus lauter Unmöglichkeiten am Bein geboren, die sie die längste Zeit ihres Lebens mit sich herumschleppen würde. So wie bei ihr, wenngleich abgeschwächter, ist es auch bei meiner Schwester und mir. Selbst wenn wir der schlimmsten Armut bisher entkommen konnten, kleben die angelernten Verhaltensweisen wie Pech an uns und verhindern, dass wir uns allzu weit von dem sozialen Raum entfernen, der für unseresgleichen vorgesehen ist.

Mittwoch, 3. Juli 2019 8.20 Uhr

Gestern probatorische Sitzung, die zweite. So weit unspektakulär. Ich berichtete der Therapeutin von dem Tag, an dem ich den Anfall bekam, weil Lucie nicht wie verabredet zu Hause war, und von dem retraumatisierenden Erlebnis im Theater und bestärke sie damit in ihrem Verdacht auf PTBS. Sie ließ mich einen Fragebogen ausfüllen, um herauszufinden, ob ich ADHS habe. Ergebnis: sehr wahrscheinlich. Sie sagte, dass ich mich im neuropsychiatrischen Zentrum testen lassen kann. Einen Therapieplatz bei ihr, oder wenigstens einen Platz auf der Warteliste, kann ich knicken, sie sei bereits ausgebucht. Ich soll es bei Therapeutenschulen versuchen, da würde ich schneller einen Platz bekommen.

Freitag, 12. Juli 2019 16.55 Uhr

Telefonat mit meiner Schwester. Montag fahre ich für ein paar Tage zu ihr nach Lüneburg, um zu schreiben. Sie und ihre Tochter sind im Urlaub. Das letzte Mal haben wir uns im März gesehen, seitdem ist bei uns beiden viel passiert. Meine Schwester musste sich an der Schule, an der sie arbeitet, gegen einen übergriffigen Kollegen behaupten. Und das passt natürlich zu ihrem Hauptthema: zu sich selbst stehen. Während wir so miteinander sprechen, gelange ich zu der Erkenntnis, dass wir beide durch unsere Kindheit so stark geprägt sind, dass das Erlebte fast unser komplettes Sozialverhalten bestimmt. Als eine Art Ersatzmutter passte sie in unserer Kindheit oft auf mich auf und kam dadurch zu kurz, was sie jetzt mit einem, wie ich finde, übermäßigen Selbstbezug kompensieren muss. Ihr gutes Recht. Nur kann ich außer Verständnis kaum andere Gefühle für sie aufbringen. Auch ein Schuldgefühl, weil sie zu früh (und überhaupt) Verantwortung für mich übernehmen musste, will sich bei mir nicht einstellen.

Scheitern als Lebensweg

In der Schule wurde ich oft gefragt, woher mein Name stammt. Meine Antwort: »Aus Frankreich!« Ob ein Elternteil denn Franzose sei? »Ja, mein Vater ist Franzose.«

»Also sprichst du Französisch?«

»Nein, na ja, nicht so richtig.«

»Oh, warum denn nicht?«

»Mein Vater hat es mir nicht beigebracht.«

»Aber das kann dein Vater ja jetzt noch.«

»Nein.«

»Wieso nicht?«

»Weil er in China lebt.«

»In Chiiiiiiiiiiina???«

»Ja, in Shenzhen, im Südosten, das liegt in der Bucht von Hongkong«, antwortete ich meist peinlich berührt.

»Und was macht dein Papa da?«

»Er ist Pirat«, nuschelte ich.

»Pirat?«

»Ja, er macht halt so dies und das. Gerade arbeitet er als Englischlehrer.«

»Moment mal, dein Vater ist Franzose, hat in Deutschland gelebt und arbeitet als Englischlehrer in China? Das ist ja verrückt.«

Ja, ja, du mich auch, dachte ich stets, sprach es aber nie aus.

Immer war ich es, der sich erklären musste, der, dessen Geschichte nicht normal war. Ich hatte es satt, das Leben als Paradiesvogel; als jemand, der beweisen musste, dass sein

Name echt war (»Das ist doch nicht dein richtiger Name, oder?«), als jemand, der sich immerzu rechtfertigen musste, warum er nicht fließend Französisch sprach, wo doch sogar zwei Mitschüler aus der Klasse nach einem halben Jahr Austausch die Sprache mehr oder weniger beherrschten.

Ich war mittlerweile zwölf, und mein Vater lebte seit zwei Jahren nicht mehr in Deutschland. Nach einem wenige Monate dauernden Intermezzo in Paris lebte mein Vater nicht mal mehr in Europa, nein, es hatte ihn nach China verschlagen. Weiter weg ging's nicht. Alles, was mir als Erinnerung an ihn blieb, waren sein Versprechen, dass er sich melden würde, ein paar Fotos in unseren Familienfotoalben und eine CD von Maxime Le Forestier, dem französischen Pendant von Reinhard Mey, die ich fortan rauf- und runterhörte. Alles, was meiner Mutter blieb, war ein Teil seiner Schulden, für die sie gebürgt hatte – und eine große Portion Wut.

Aber wieso China? Einer meiner Onkel handelte in China mit Antiquitäten. Als er erfuhr, dass sein kleiner Bruder Michel bei Gott und der Welt verschuldet war und nicht wusste, was er als Nächstes unternehmen sollte, fragte er ihn, ob er ihn bei seinem Geschäft helfen wolle. Da meinem Vater in Deutschland so langsam die Felle davonschwammen und es ihm auch in Paris nicht gelang, Fuß zu fassen, schlug er ein.

Zu Beginn waren seine unleserlichen Briefe meine einzige Verbindung zu ihm. Bald wurden aus Briefen sporadische Anrufe, bei denen er sich in schwer nachvollziehbare Erzählungen darüber verlor, was er dort trieb, und die durch die schlechte Telefonverbindung und sein Kauderwelsch aus Deutsch und Französisch nur noch mystischer klangen. Alles, was ich wusste, war, dass er sich irgendwann nicht mehr so gut mit seinem Bruder verstanden hatte und sie nun getrennte Wege gingen.

Jedes Mal, wenn mein Vater anrief, hatte er irgendeinen anderen verrückten Job, jetzt arbeitete er eben als Englischlehrer, ohne dass er je mehr als ein paar Brocken Englisch gesprochen hatte, bevor er nach China ausgewandert war.

Langsam entwickelte ich eine Wut auf ihn. Hinter der Wut versteckte sich die unerfüllte Sehnsucht eines kleinen Jungen nach seinem Vater, der ihn zu oft versetzt hatte, auf den man sich nicht verlassen konnte – und der zu allem Überfluss nun auch noch ans andere Ende der Welt gezogen war. Warum war er nach Asien ausgewandert, warum ließ er mich im Stich? Warum konnte er nicht sein wie die Väter meiner Mitschüler:innen, die Geburtstage organisierten, die ihre Kinder fragten, wie ihr Tag gewesen war?

Doch sobald er anrief, wich meine Wut einer fiebrigen Aufregung. Er fragte, wie es mir ging, hörte mir dann aber kaum zu. Wollte ich etwas erzählen, was länger war als ein, zwei Sätze, unterbrach er mich mit der nächsten Geschichte, die ihm gerade eingefallen war, und bemerkte es noch nicht mal.

Die Lücke, die er hinterließ, wurde durch seine Anrufe paradoxerweise eher größer, auch wenn unsere Mutter versuchte, sie, so gut es ging, zu schließen. Ihre Mittel waren begrenzt, aber sie tat, was in ihren Möglichkeiten stand: Sie raufte mit mir, weil Väter das so machen und Jungs das so brauchen; weil die Sozialhilfe hinten und vorn nicht reichte, jobbte sie schwarz in einem Klamotten- und Spielzeugladen für Kinder, und an den Tagen, an denen sie arbeitete, kam sie in der Mittagspause nach Hause, um uns etwas zum Essen zu machen. Von dem Extrageld, das sie dazuverdiente, bekam meine Schwester eine Querflöte, ich einige Monate später eine Gitarre. Wir sollten es besser haben als unsere Mutter, das war ihr wichtig, und dafür sorgte sie. Nach ein paar Stunden hatte ich den Gitarrenlehrer allerdings schon über, ich wollte coole Riffs lernen und keine Tonleitern rauf- und runterklimpern.

Doch so sehr unsere Mutter sich auch bemühte, mir und meiner Schwester eine schöne Kindheit zu bieten – Wochenendausflüge mit dem Bus in die Lüneburger Heide, gemeinsames Frühstück am Samstagmorgen –, ihrer Depression entkamen wir nicht. Weder sie selbst noch meine Schwester noch ich. Wir waren ihren Launen ausgeliefert. Zwei Faktoren kamen bei mir zusammen: zum einen ihr dünnes Nervenkostüm, schon die kleinsten Fehler konnten sie wütend machen; zum anderen fehlte es ihr an Möglichkeiten, die Hürden, die das Leben ihr vor die Füße knallte, zu überwinden. Wenn ich in der Schule mal wieder Stress hatte oder schlechte Zeugnisse nach Hause brachte, was regelmäßig der Fall war, sagte sie, wenn das so weiterginge, würde sie mich von der Schule nehmen. Nervte ich sie, bekam ich zu hören, dass sie mich in eine Pflegefamilie geben würde, da sei ich besser aufgehoben. Die ersten Male sagte sie es in einem halb ironischen Ton, der mich an ihre Mutter, meine deutsche Großmutter, erinnerte, zu der wir keinen Kontakt mehr hatten. Doch bald drohte sie ernsthaft und klagte immer wieder: »Ich kann nicht mehr, ich will nicht mehr.« Dass sie vorhatte, sich umzubringen, sobald ihre beiden Kinder volljährig sein würden, das erfuhr ich erst viel später, aber auch so reichten ihre Drohungen, um aus mir einen angsterfüllten, handlungsunfähigen Jungen zu machen.

Im neoliberalen Diskurs hört man immer wieder die Erzählung vom Scheitern als Chance. Hinfallen, aufstehen, weitermachen, so lautet die Devise, sobald einen ein Schicksalsschlag ereilt. Das Schicksal, mit dem meine Familie zu kämpfen hatte, war die Armut, die uns weder plötzlich noch aus Versehen traf. Meine Mutter wurde in sie hineingeboren, sie hatte keine Wahl, der Platz war ihr zugewiesen. Durch »Scheitern als Chance« wird das Scheitern, die Niederlage, mit einem positiven Sinn aufgeladen, der dem Scheiternden eine Perspektive bietet, einen Neuanfang, eine Chance eben. In den allermeisten Fällen besteht diese Chance in der Möglichkeit, noch mal zu scheitern. Jeder ist seines Glückes Schmied, bedeutet im Umkehrschluss nichts anderes, als dass Scheitern selbst verschuldet ist. Du bist arm und hast es nicht vom Tellerwäscher zum Millionär geschafft? Dann hast du nicht hart genug gearbeitet, warst nicht clever, nicht gerissen genug. Wenn laut einem Bericht von Oxfam[2] sechsundzwanzig Milliardär:innen so viel besitzen wie fünfzig Prozent der Weltbevölkerung, ist Scheitern ein wichtiger Bestandteil unseres Lebens, anders lässt sich das unnatürliche Ungleichgewicht nicht aufrechterhalten.

Scheitern nicht als Chance, sondern als Lebensweg: Unbewusst hatte auch ich mir dieses Credo schon früh auf die Fahne geschrieben. Die Leiterin der Schauspielschule, auf die ich später ging, sagte mir einmal, ich sei es so sehr gewohnt zu scheitern, dass ich Szenen während der Probe oder Impulse im Spiel absichtlich an mir vorbeiziehen ließe, da mir das Gefühl des Scheiterns Sicherheit und Vertrauen gäbe. *Was ist das für ein Quatsch?*, dachte ich zuerst, doch einige Zeit später wurde mir klar, dass es stimmte. Scheitern war für mich zu einem Nachhausekommen geworden. Auf der Probebühne sah ich den Impuls vorbeifliegen, war aber nicht in der Lage, ihn zu verarbeiten.

2 https://www.globalcitizen.org/de/content/oxfam-report-billionaires-inequality

Ich war wie taub, nur dass ich alles mitbekam und eine innere Stimme mir sagte, dass ich handeln sollte. Wenn ich dann nicht handelte, versorgte mich mein schlauer Körper mit der Tagesration an Niederlage, die ich brauchte, um mein Selbstbild aufrechtzuerhalten. Unbewusst war ich davon überzeugt, dass ich, wenn ich mich selbst sabotierte und keine guten Ergebnisse erzielte, eben nicht so gut sei. Ich ordnete mich selbst ein, was praktisch war, denn dann mussten andere das nicht für mich tun, und ich ersparte mir unangenehme Fremdbewertungen. Bis heute ertappe ich mich dabei, wie ich in der Verharmlosung meiner Leistung, im Witz über meine Schwächen versuche, Bewertungen anderer zuvorzukommen. Aber woher kommt dieser Impuls, sich in der Niederlage zu Hause zu fühlen? Liegt es daran, dass meine Eltern mir selbst die Bewältigung einfacher Aufgaben nicht zutrauten? Dass der Junge lieber nicht in der Küche helfen sollte, er würde ja eh nur alles kaputt machen? Daran, dass mein Vater mich anblaffte, wenn mir etwas herunterfiel oder ich mich beim Spielen verletzte? Dass meine Mutter mir etwas auftrug, es dann aber lieber selbst erledigte, weil sie zu ungeduldig war? Hatte ich das Bild, das meine Eltern sich von mir machten, so verinnerlicht, dass ich es unbewusst schon in der Schule zu meinem Selbstbild gemacht hatte, indem ich mich doof stellte? Eines war klar: Kam es drauf an, konnte ich mich darauf verlassen, dass mein Gehirn nicht funktionierte. Wollte ein Lehrer etwas ad hoc von mir wissen, war mein Gehirn wie blockiert. Ich war wie zugeschnürt, als käme kein Sauerstoff durch. Ich konnte mich selbst beobachten, wie ich gegen eine Wand lief, hinter der die Antworten nur darauf warteten, von mir befreit zu werden. Aber diese Wand war aus Beton, und ich war zu schwach, sie zu durchbrechen.

Meine Flucht war das Skateboardfahren. Ein Brett, zusammengehalten von zwei Achsen, einer Handvoll Schrauben und Muttern, vier Rollen, acht Kugellagern, einem Griptape. Fertig war meine Ding gewordene Freiheit. Das Argument der Faust, das ich auf dem Schulhof zur Genüge angewandt hatte, tauschte ich gegen den willkommenen Schmerz des Sturzes ein. Ich kannte keinen, der sich so oft maulte, wie ich es tat. Immer bekam ich mitten auf einer Treppe, mitten auf einem Rail, mitten beim Trick Panik, kickte mein Board weg und stürzte. Als Ergebnis dieser andauernden Kurzschlussreaktionen drohte mein Körper zu einer einzigen großen Narbe zu werden, weshalb ich einen Großteil meiner Stürze, meiner Prellungen und Schürfwunden vor den Augen meiner erschöpften Mutter verbergen musste, wollte ich kein Skateverbot bekommen. Ganz am Anfang, ich konnte kaum richtig auf dem Brett stehen, übte ich am nahe gelegenen Bahnhof einfach nur, den Hügel runterzufahren. Um mich zu vergewissern, ob mir von hinten Passant:innen oder Radfahrer:innen in die Quere kommen würden, drehte ich mich um. Ein Paar stand etwa dreißig Meter entfernt an der Ampel, ansonsten hatte ich freie Bahn. Ich fuhr an, stellte beide Füße parallel hintereinander auf das Skateboard, und zack, verlor ich die Kontrolle. Ich fiel, und um mich herum wurde es dunkel. Als das Licht wieder anging, wusste ich nicht, ob eine Minute oder eine Stunde vergangen war. Wie in einem Film reckten sich vom Himmel zwei Köpfe zu meiner verunglückten Gestalt herunter. Es war das Paar, das es mittlerweile über die Straße geschafft hatte und nun fragte, ob ich Hilfe bräuchte. Also eher eine Minute als eine Stunde. Ein rasender Schmerz schoss mir in den Schädel, ich blutete ein wenig aus einer Stelle an meinem Hinterkopf, und mir wuchs eine riesige Beule. Die Fragen der beiden, ob sie einen Krankenwagen rufen sollten, wo ich wohne und ob sie mich begleiten sollten, verneinte ich und ging leicht taumelnd und mit flauem Magen die wenigen Hundert Meter zurück nach Hause. Dort angekommen wunderte meine Mutter sich zwar, dass ich schon so zeitig zurück war, aber sie hatte gerade anderes zu tun, als sich um mich zu kümmern. Ich legte mich am helllichten Tag ins Bett und schlief. Vermutlich hatte ich eine Gehirnerschütterung, doch größer war die Sorge, ihren Unmut auf mich zu ziehen, weshalb ich sie lieber nicht belästigte. In der darauffolgenden Woche ließ ich das Skateboard stehen und wachte jeden Tag mit einem Brummschädel auf, bis meine mutmaßliche Gehirnerschütterung wieder auskuriert war.

Trotz oder vielleicht gerade wegen der vielen Faktoren, die einer behüteteren Kindheit im Weg standen, dachte ich jahrelang, ich wäre etwas Besonderes. Nicht in dem Sinn, in dem jeder Mensch etwas Einzigartiges an sich hat, nein, ich dachte wirklich, ich wäre etwas komplett Außergewöhnliches. Jahrelang malte ich mir immer wieder still und heimlich aus, ich würde von mir unbekannten Erwachsenen beobachtet und protegiert, und wenn der richtige Zeitpunkt käme, würde man mich auf der Straße ansprechen und mir mitteilen, was Sache sei. So Harry-Potter-mäßig, nur ohne das Zaubern. Ich war davon überzeugt, ich wäre für etwas berufen, das höher und größer war als alles, was ich kannte, und diese Erwachsenen, die ich mir herbeifantasierte, verfügten natürlich ebenfalls über dieses Wissen. Immer wieder, wenn mich ein Mann auf der Straße eine Sekunde länger anguckte als normal, dachte ich: Jetzt geht es los. Jetzt wird sich alles ändern. Was sich genau ändern würde oder wozu ich berufen war, darüber machte ich mir keine Gedanken.

Mittwoch, 5. Dezember 2019 14.37 Uhr

Nach einem Besuch bei einer Freundin, die gerade einen Vertrag an einem süddeutschen Theater unterschrieben hat, sitze ich im Zug auf der Heimfahrt. Viele Monate habe ich kein Tagebuch mehr geschrieben. Ich stecke zwischen der zweiten und dritten richtigen Sitzung meines spät erkannten Therapiebedarfes. Endlich! Endlich kann ich damit anfangen, in professionellem Rahmen an meinen Baustellen zu arbeiten. In der Therapie reden wir vor allem darüber, wie ich es schaffen kann, dass mir die Anspannung bewusst wird. Mir kommt es so vor, als würde sich in mir jedes Mal ein Schalter umlegen: von entspannt auf hundertachtzig in einer Sekunde. Mein Therapeut widerspricht und zeigt mir Übungen zur Achtsamkeit: wahrnehmen, was ist, nicht bewerten. Klingt leichter gesagt als getan, denn irgendetwas in mir zwingt mich, jedem Gedanken eine Stimmung zu geben, jedem Wort eine Bedeutung, jedem Blick einen Wert. Es ist wie ein Selbstschutz, der anspringt, doch anstatt mich damit vor etwas zu schützen, macht mein Drang, alles sofort in eine Schublade einordnen zu wollen, den unverstellten ersten Blick praktisch unmöglich. Als kleiner Junge auf dem Schulhof, in der Nachbarschaft oder später auf dem Skateplatz am Hochhausblock war die Bewertung von Menschen und Situationen wichtig, um nicht auf die Fresse zu bekommen, jetzt steht sie meinem inneren Wachstum im Weg und verhindert meinen Seelenfrieden.

Dabei will ich mir so gern nicht mehr länger im Weg stehen. Lucie und ich, wir haben es verdient, unsere zumindest bronzene Zukunft mit leichtem Gepäck zu beschreiten. Wenigstens dafür muss Ballast abgeworfen werden, wenn schon nicht für mich allein.

Vor ein paar Monaten habe ich eine kleine Wohnung um die Ecke gefunden, jetzt steht der Umzug an. Ich habe ein Volontariat bei einer Tageszeitung begonnen und bereits das erste Jahr überstanden, nun zähle ich die Tage, Wochen und Monate, bis es vorbei ist. Doch der Friede ist brüchig. Vor ein paar Tagen habe ich meinen Mitbewohner am Telefon angeschissen, weil er zum dritten Mal den Kellerschlüssel mitgenommen hat, anstatt ihn wieder in die Wohnung zu legen. Vor Wut legte ich mitten im Schreien auf. Und jetzt sitze ich hier, sehe, wie mein Therapeut nickt, während ich mich kluge Sätze sagen höre wie: »Ich kann nur lernen, meine Wut zu kanalisieren, weiß aber, dass sie immer da sein wird.« Meine Wut. Seit mindestens fünfundzwanzig Jahren renne ich mit ihr herum – und mit vielen weiteren Eigenschaften, die ich nie bestellt habe. Dafür mache ich das ganz okay, finde ich.

Sonntag, 8. Dezember 2019 — 17.45 Uhr

Die Einschläge kommen näher. Vor etwa zwei Stunden sind wir zum x-ten Mal aus meiner WG zu Lucie geflohen, weil ich es dort nicht mehr aushalten konnte. Es ging genauso los wie beim letzten Mal. Aus dem Nichts kam die Trauer, darauf folgte ein langes, ehrliches Gespräch, an dessen Ende nun die Erkenntnis steht, dass es so nicht mehr weitergehen kann. Dabei wollten wir uns doch eigentlich einen gemütlichen Abend machen. Ich denke bereits seit Tagen darüber nach, wie ich das Volontariat vorzeitig beenden kann. Mein Körper und Geist brauchen in einem Maße Ruhe, die in einer Vierzigstundenwoche nicht zu bekommen ist. Der Zusammenbruch heute und der erste Anfall dieser Art vor einigen Monaten in Kiel ähneln sich auf beängstigende Art und Weise. Im Herbst waren wir für zwei Tage in einem Ferienappartement direkt am Meer. Gerade angekommen, konnte ich mich nicht länger zusammenreißen, und Lucie musste den Instruktionen unserer Gastgeberin ohne mich folgen, während ich mich auf das Sofa setzte und hoffte, dass sie bald wieder gehen würde. Kaum war sie raus, ließ sich mein erster Zusammenbruch nicht länger unterdrücken: Tränen, schmerzende Schultern und Angst. Zwei Stunden lag ich in Lucies Schoß, unfähig, auch nur einen Muskel zu rühren. Damals verstand ich nicht, was mit mir passierte, und auch jetzt, in der Sicherheit ihrer Wohnung, verstehe ich es nicht. Immer wieder fange ich an zu weinen. Mein Problem ist, dass es mir schwerfällt, Schwäche zu zeigen, Schwäche überhaupt zuzulassen. Nur dass die Schwäche sehr besitzergreifend ist und mir Mittel und Wege fehlen, ihr zu widerstehen.

Am Mittwoch habe ich wieder Therapie, bis dahin muss ich noch durchhalten, irgendwie. Auszeit, ich brauche eine Auszeit. Ich nehme mir vor, meinen Therapeuten darauf anzusprechen.

Tausende Gedanken schwirren in meinem Kopf herum. Gerade habe ich ein Projekt abgesagt, auf das ich mich eigentlich sehr gefreut hatte. Für einen Sammelband hätte ich die Biografie eines Kommunisten recherchieren sollen, der 1945 auf dem Todesmarsch vom KZ Fuhlsbüttel nach Kiel-Hasse erschossen wurde. Mir blutet das Herz, aber ich fühle mich momentan einfach zu nichts imstande. Lucie schreibt für mich auf eBay mit einem Typen, der Laminat verkauft. Bevor wir gehen, packt sie meinen Rucksack, bestellt Essen, kocht Tee. Aktuell schreibe ich neben meiner Arbeit in der Redaktion zwei freie Texte. Mit der Biografie wären es drei gewesen – zu viel. Und diese ganze Erschöpfung und die Schwäche prasseln in einer Zeit auf mich ein, in der ich immer mehr zu mir selbst finde. Kommt das alles erst dadurch ans Tageslicht? In dem knappen Jahr meiner Beziehung mit Lucie habe ich bereits mehr geheult als in den vergangenen Jahrzehnten zuvor. Bei ihr darf ich schwach sein, und auf einmal ist da so viel Schwäche. Bei unseren ersten Dates war sie es, die nicht mitleidig guckte, als ich ihr erzählte, wie ich aufgewachsen bin. Sie hatte zwar nicht die gleichen Erfahrungen gemacht, wusste aber, dass das Leben nicht nur aus Freude und Harmonie besteht. Es war ihr offener, unerschrockener Blick, der mich zu ihr hinzog.

Jetzt spüre ich, wie ich einerseits zugänglicher werde, mich aber andererseits abkapsele: Ich ziehe mich in meine eigenen vier Wände zurück und treffe immer seltener Freund:innen. Zu gern würde ich wissen, ob ich mich in meiner Entwicklung gerade bereits mitten in der Achterbahnfahrt befinde oder ob ich eben erst die Karte gelöst und den Gurt angelegt habe, noch auf dem Weg nach oben, bevor es dann schnell und lange bergab geht.

Grand-mère

Was meiner Schwester und mir gefehlt hat, waren erwachsene Bezugspersonen, an denen wir uns hätten orientieren können. Vorbilder, die uns gezeigt hätten, wie man sich als erwachsene Person benimmt, wenn man weniger zu kämpfen hat als unsere Mutter, und wie man Konflikte anders meistert als unser Vater. Menschen, die uns ein gesundes Selbstwertgefühl gelehrt hätten. Nicht dass wir uns bei unserer Mutter gar nichts hätten abgucken können, aber das Leben ist nun mal kein Disneyfilm, in dem die Armen zwar kein Geld, dafür aber ein reiches und gütiges Herz haben und andauernd voller Harmonie und Verständnis sind.

Die Verhältnisse und Hierarchien reproduzieren sich von selbst: Geld geht zu Geld, Not geht zu Not. In den Verhältnissen, in denen wir lebten, fiel es unserer Mutter ungleich schwerer, ihre Haut abzulegen und voll übersprudelnden Lebens zu sein, als wenn sie weniger arm gewesen und keine psychischen Vorbelastungen gehabt hätte. Und auch unser Vater wäre mit weniger Schulden, weniger materiellen Sorgen und mehr sozialen Skills ein anderer.

Mit ihrer Schwester hatte meine Mutter sich zerstritten, und auch zu ihrer eigenen Mutter brach der Kontakt irgendwann ab. Erst heute verstehe ich, dass die Isolation unserer Mutter innerhalb ihrer Familie weniger mit ihr selbst als mit einem gesellschaftlichen Phänomen zu tun hat. In vielen Fällen führt häusliche Gewalt zur Vereinzelung, so war es auch bei unserer Mutter. Scham verhindert, dass die betroffene Person sich Hilfe sucht, um das Vorgefallene aufzuarbeiten. Das Ergebnis: Jede:r leidet, kämpft und lebt mehr oder minder für sich allein. Wem sein Leid klagen, wenn die eigene Schwester genauso schlecht behandelt wurde und die Mutter weggeschaut hat? Solidarität muss man sich leisten können, vor allem wenn einem ein solcher Wert nicht in die Wiege gelegt wurde.

Die Familie mütterlicherseits fiel bei der Suche nach erwachsenen Bezugspersonen also schon mal weg, blieb noch die Familie unseres Vaters. Die Leerstelle, die er hinterlassen hatte, indem er in China abgetaucht war, versuchten wir durch gelegentliche Besuche in Frankreich zu füllen.

Das letzte Mal, als meine Schwester und ich bei Grand-mère und Grand-père in Chinon zu Besuch waren, stand meine Einschulung kurz bevor. Der rote Renault meines Vaters wurde beladen, wir setzten uns alle vier ins Auto, meine Mutter, die keinen Führerschein hatte, saß auf dem Beifahrersitz und las die Karte, während mein Vater die 1.200 Kilometer in einem durchfuhr. Wenn meine Schwester und ich müde wurden, klappten wir die Rückbank um und schliefen. In Chinon war alles ein großes, wohliges Fremdeln. Meine Schwester und ich verstanden kaum Französisch, hatten durch unsere Eltern aber noch einen gewissen Schutzschirm und bekamen noch nicht die geballte Ladung an Merkwürdigkeiten von unseren französischen Großeltern ab. Vielleicht verkläre ich die Erinnerungen an damals aber auch bloß, denn ich erinnere ebenfalls, wie ich einige Tage hintereinander immer stärkere Unterleibsschmerzen bekam, weil ich mich weigerte, auf die spinnenverseuchte Toilette zu gehen. Pipi konnte man heimlich im Garten machen, aber groß?

Dieses Mal würde es anders sein. Ich war vierzehn Jahre alt, meine Schwester sechzehn, und nun hatten wir keinen elterlichen Schutz mehr, der uns vor den Eigenarten unserer Grand-mère bewahrte.

Unser Grand-père, der eher nach spanischem Gemüsebauer als nach französischem Ingenieur aussah, war um die Jahrtausendwende herum gestorben. Ich erinnere mich noch genau, wie das Telefon klingelte und Onkel Eric mir mitteilte, dass Grand-père tot sei, und ich so sehr damit beschäftigt war, die richtigen französischen Worte zu finden, dass ich vor lauter Zurschaustellung nicht viel fühlte. Vielleicht lag es aber auch daran, dass meine Schwester und ich ihn als griesgrämigen alten Mann kennengelernt hatten, der sich nicht groß mit Kindern abgab.

Mit dem Französischwörterbuch in der Hand schrieb unsere Mutter Grand-mère einen Brief und bat um Geld für die Fahrt. Einige Wochen später trudelte ein in Schönschrift beschriebener Scheck mit der Post ein, der bei den Bankangestellten Stirnrunzeln hervorrief. Nach einem kurzen Hin und Her – ja, der Scheck war echt, auch wenn er aussah wie ein Zugticket für den Hogwarts-Express – ging es mit dem Geld von der Bank zum Bahnhof, und wir kauften Tickets für unser Abenteuer. Unsere Mutter, die selbst noch nie geflogen war, kam gar nicht auf die Idee, dass wir auch ein Flugzeug nach Paris hätten nehmen können.

An einem Tag Mitte März stiegen wir am Bahnhof Altona in den Zug Richtung Frankreich. Am Gare de l'Est in Paris wartete Tonton Eric auf uns und setzte uns in den TGV Richtung Tours. Nach einem sehr langen Tag kamen wir am frühen Abend in Chinon an, wo unser winziges Großmütterchen mit ihren mandelförmigen Augen, dem krausen grauen Haar und dem beginnenden Damenbärtchen uns schon am Bahnhof in Empfang nahm.

Genau wie alle anderen Häuser in der Straße war das Haus unserer Großeltern ein unscheinbares Fertigbauhaus, dafür hatte es einen weitläufigen Garten. Vom Gartentor lief man direkt auf eine Garageneinfahrt zu, rechts daneben führte ein steinerner und an den Rändern mit Blumen verzierter Weg zur Eingangstür hoch. Die Tapeten im Flur, in der Küche und in jedem Zimmer, ja sogar im Bad, waren mit kitschigen Motiven versehen. In den beiden Zimmern links am Ende des Flures, das eine für meine Schwester, das andere für mich, starrten uns Puppenfiguren in Rosa und Blau von den Tapeten an. Im Flur und im Salon wurde auf solche Motive zugunsten bunter Streifen verzichtet. Auf der Kommode im Flur lehnte unser Familienwappen an einem großen kreisrunden Spiegel. Grand-père hatte es irgendwann in Ermangelung einer bedeutenden Familienhistorie in Auftrag gegeben.

Seit dem Tod ihres Mannes war Grand-mère zur Profitrödlerin geworden. Überall standen Kartons herum, immer lief sie mit irgendwelchen Sachen in der Hand durch die Wohnung, die sie entweder aussortieren oder katalogisieren wollte. Die Luft in dem Zimmer, in dem ich schlief, stand vor Staub und Muff. Die Federn des ausgeklappten Bettsofas bohrten sich in meinen Rücken, und die Wolldecken, für die es keinen Bettbezug gab, kratzten fürchterlich auf meiner Haut. Willkommen in Frankreich!

Morgens standen meine Schwester und ich mit dem Geräusch des Fernsehers aus Grand-mères Schlafzimmer auf. Immerzu lief irgendwo eine Glotze, ob in der Küche oder im

Salon. In der Küche angekommen, wurde das erste Gefecht des Tages geführt. Grand-mère ließ sich nicht davon abbringen, die Milch für den Kakao und für das Müsli in einer Plastikschale in der Mikrowelle aufzuwärmen. Wenn die geronnene Milch auf dem Kakao eine Haut bildete, sah sie aus wie geschmolzenes Plastik, und ich weigerte mich, meinen Kakao zu trinken, doch um mich verständlich zu machen, mangelte es mir an Wortschatz. Der Besuch bei unserer Grand-mère wurde zum fortwährenden Kampf der Kulturen, den wir, so gut es ging, ausfochten – und meistens verloren.

An einem der Tage besuchten wir unseren Großonkel, Grand-mères Bruder Jean-Claude, und seine Frau Simone, die wir damals heimlich »Die bunte Tante« nannten, weil sie immer in abstruseste Kostüme gekleidet war. Kaum waren wir durch die Tür, gingen die Abwehrkämpfe los. Wir versuchten, uns dagegen zu wehren, schon am Vormittag Portwein und Whiskey trinken zu müssen, vergeblich. Die Uhrzeit steuerte aufs Mittagessen zu, und wir hatten schon einen im Tee, da kam bereits die nächste Hürde. In Deutschland lebten wir vegetarisch, ein Überbleibsel der Hare-Krishna-Phase unserer Eltern, in Frankreich wollte Jean-Claude aber nichts davon wissen. Mit Händen und Füßen wehrte ich mich, Fleisch essen zu müssen, doch Jean-Claude bestand auf einem Kompromiss, an dem ich im wahrsten Sinn des Wortes schwer zu kauen hatte: »Zumindest musst du es probieren.« Auch Grand-mère versuchte, uns immer wieder zu erklären, wie wichtig Fleisch für die Gesundheit sei, und runzelte jedes Mal die Stirn, wenn ich auf vegetarische Kost bestand, während meine Schwester, die Verräterin, sich im Jasagen übte und von Grand-mères *viande* zumindest immer wieder tapfer kostete. Im Jahr zuvor hatte sie die Schule gewechselt und ging nun auf eine mit französischem Profil, doch hier in Frankreich tat sie sich schwer mit der Sprache. Mein Französisch war noch schlechter als ihres, und normalerweise konnte ich es mir in ihrem Schatten bequem machen, doch hier gab es keinen Schatten, in den ich mich hätte stellen können, sodass wir Grand-mères verbalem Dauerfeuer von den neuesten Kleinstadtnachrichten gleichermaßen schutzlos ausgeliefert waren. Die Tage dort wurden zu einer Ansammlung langweiliger Stunden, in denen der Besuch des Châteaus oder der Einkauf im Supermarché seltene Highlights darstellten. Essen und die Beschaffung und Zubereitung desselben gaben unserem Tag Struktur. Beim Frühstückskakao mit Plastik- beziehungsweise Milchhaut obendrauf wurde besprochen, was es an dem jeweiligen Tag zu essen geben sollte. Nach dem Frühstück gingen wir einkaufen. Im Schneckentempo wohlgemerkt, da Grand-mère keine junge Frau mehr war. War der Einkauf geschafft, ging es nahtlos in die Vorbereitung des Mittagessens über, dann wurde zu Mittag gegessen, anschließend gab es einen kleinen Nachtisch. Kaum hatte man verdaut, ging es an die Vorbereitungen zum Abendessen.

Gleichzeitig waren die Tage aber doch aufregend, denn Frankreich war ja unser Sehnsuchtsland, der Schlüssel zur eigenen, im Verborgenen liegenden Identität. Und so verklärte ich die hässliche Barbie-Tapete im Gästezimmer und achtete penibel darauf, mich auf Abstand zu Grand-mères Mundgeruch zu halten, was leichter gesagt als getan war, denn wich ich von ihr weg, um ihrem Dunstkreis zu entkommen, rückte sie zu mir auf, um die für sie zu groß gewordene räumliche Distanz zwischen uns zu verringern. Ich versuchte, meine Ungeduld zu verstecken, wenn sie wieder einen ihrer schwer verständlichen und wenig interessanten Vorträge darüber hielt, wie man sich ihrer Meinung nach zu benehmen hatte. Dass man beim Gehen ja nicht die Hände in die Hosentaschen stecken dürfe, denn wenn man dann stürze, uiuiuiuiui. Dass man in Paris aufpassen müsse, weil es mit den Taschendieben immer schlimmer werde, ja eine richtige Taschendiebepidemie sei da im Gange, und wenn man nur die Nachrichten verfolge, könne man förmlich sehen, wie das Land vor die Hunde gehe. Abends schauten wir stundenlang langweilige Spieleshows, wir besuchten Grand-pères Grab und ertrugen es, wenn Grand-mère sich beim Einkaufen mal wieder irgendwo festquatschte. Lächeln und nicken, nie habe ich es mehr gebraucht als in Chinon.

Eines Morgens – ich war schon auf, während meine Schwester noch schlief – saß ich im Salon vor dem Fernseher, als ein Nachrichtensprecher verkündete, dass die USA soeben in den Irak eingefallen seien. Aus dem Nichts überkam mich eine so tiefe und ehrliche Trauer, wie sie nur ein Teenager fühlen kann, dessen Körper gerade mit der Dosierung des Hormonhaushaltes experimentiert. Mit Tränen in den Augen lief ich ins Zimmer meiner Schwester, um ihr mitzuteilen, dass ein Krieg ausgebrochen sei.

Erst viele Jahre und Besuche später begriff ich, dass ich den Durst nach meiner unerforschten französischen Identität bei meiner Grand-mère nur unzureichend stillen konnte. Grand-mère war aus einer Art Holz geschnitzt, pragmatisch, praktisch, gut, die es ihr nicht erlaubte, Gefühle zu zeigen. Wenn sie von Nachbar:innen sprach, die etwas taten, was sie missbilligte, schloss sie ihren Satz mit einem diplomatischen »Chacun sa vie«, jeder lebt nach seiner Fasson. Hatte sie sich in einen ihrer gefürchteten Monologe verstrickt, schälte sie sich alle paar

Minuten mit einem *résultat pratique* aus einem dieser vom Hölzchen aufs Stöckchen führenden Bandwurmsätze zurück ins Diesseits. Ich lernte, bei jedem *résultat pratique* wieder einzuschalten, denn dann kam das, was sie eigentlich sagen wollte.

Beim Abschied nach unserem ersten Besuch ohne Eltern hielt Grand-mère neben dem Rat, am Gare Montparnasse besondere Vorsicht walten zu lassen – die Taschendiebe, uiuiuiuiui –, auch eine große Packung eingeschweißter Crêpes für uns bereit. Danach setzten wir uns erschöpft in den Zug nach Deutschland, zurück in unseren Schulalltag, dabei hätten wir jetzt eigentlich ein bisschen Urlaub gebrauchen können.

Donnerstag, 12. Dezember 2019 13.56 Uhr

Generation Y, Millennials, Generation Me – die Seiten der großen Tageszeitungen und Magazine sind mal wieder voll mit Texten über »meine« Generation, und ich möchte kotzen. Ich erfahre, dass meine Generation zu ichbezogen ist, zu bequem, zu viel Zeit im Internet verbringt. Oder, je nach Röstgrad des Kaffees, der in den Redaktionen gebraut wird, auch gern superaktiv, Fridays for Future und so. Ja, was denn jetzt? In meiner Welt ist das vor allem Blödsinn. Hat nichts, null, nada mit mir und meinem Umfeld zu tun. Ich glaube, dass es sich bei dem ganzen Generationengerede um eine Verwechslung der Begriffe handelt. Tauscht man den Begriff Generation mit Klasse oder Milieu aus, ergibt die mediale Debatte plötzlich Sinn. Mit den *Millennials,* auch Generation Y genannt, geboren zwischen 1980 und den späten 1990ern, sind Bildungsbürgerkinder gemeint, meine Freund:innen, Bekannten und Nachbar:innen mitsamt ihren Problemen tauchen in diesen Charakterstudien nicht auf. Außer in Bezug auf die Nutzung technischer Geräte und gelegentlicher Überschneidungen in der Mode und der Popkultur gibt es zwischen dem medial gut ausgeleuchteten Millennial und jemandem aus der Straße, in der ich aufgewachsen bin, desselben Alters faktisch keine Gemeinsamkeiten. Es ist, als würden fast alle Leute, die ich kenne, in einem Paralleluniversum wohnen. Sie haben keinen Zugang zur Öffentlichkeit, die Debatten finden woanders statt. Und wenn doch, dann wird *über* sie geredet, nicht *mit* ihnen.

Man könnte mir an dieser Stelle vorwerfen, dass ich ja auch nichts anderes mache, als *über* sie zu schreiben. Dem steht allerdings ein wichtiges Argument entgegen: Ich entstamme derselben Klasse, dem Prekariat, wie ein Großteil der Charaktere, über die ich schreibe. Das, wovon ich erzähle, ist mir nicht fremd, sondern vertraut. Ich schreibe über meine Mitmenschen, nachdem ich mit ihnen gelebt, geredet, gearbeitet und gemeinsam Zeit verbracht habe. Und das nicht in einem Machtgefälle, das grundsätzlich zwischen Schreibenden und ihren Protagonist:innen herrscht, Stichwort Deutungshoheit, sondern auf Augenhöhe: als Freund, Arbeitskollege, Nachbar, Bruder oder Sohn. Kaum eine der Situationen, über die ich schreibe, habe ich bewusst erlebt, um nachher über sie zu schreiben. Ich habe sie erlebt, auch das: als Freund, Arbeitskollege, Nachbar, Bruder oder Sohn.

Ein großer Teil meines Umfeldes steckt in handfesten Depressionen, hat keine Knete in der Tasche, manche zahlen Schulden beim Staat ab, weil sie im falschen Moment bei irgendetwas erwischt wurden, andere bekommen Geld vom Staat. Bei manchen wird Letzteres immer wieder gekürzt. Wieder andere arbeiteten jahrelang schwarz. Wo wird das alles besprochen? Wo wird besprochen, dass einer meiner Freunde mit sechsundzwanzig Jahren durch seine Arbeit auf dem Bau irreparable gesundheitliche Schäden davonträgt? Dass schlecht bezahlte Lohnarbeit mit Ende zwanzig zum Burn-out führt? Werden andere Zeitungsredakteur:innen ebenfalls von Bekannten auf der Straße angesprochen, doch bitte wohlwollend über den eigenen Gerichtsprozess zu berichten – oder am besten gar nicht –, wenn sie jemanden krankenhausreif geschlagen haben? Treffen andere Redakteur:innen, wenn sie für eine Geschichte ins Gefängnis gehen, im Besucherraum auch Bekannte, die ihre Freunde besuchen? Kennen sie überhaupt Leute, die im Gefängnis sitzen oder je saßen? Mit einundzwanzig wurde mir angeboten, mietfrei in einer Wohnung zu leben, wenn ich für die größeren Jungs aus dem Viertel den Gärtner spiele. Also deren Grow-Zelte bewirtschafte und die Ernte verkaufe. Nicht die einzige Abzweigung ins Milieu, die ich hätte nehmen können. Als Waldorfschüler wohlgemerkt.

Das hier soll nicht als Prahlerei verstanden werden, ich brüste mich nicht mit meinen Geschichten. Ich berichte von dem, was ich kenne – und darüber, dass das, was für Millionen von Menschen in diesem Land tagtägliche Realität bedeutet, in der medialen Öffentlichkeit gnadenlos unterrepräsentiert ist.

In der Therapiestunde gestern habe ich so dermaßen vom Baum der Erkenntnis genascht, dass ich mich jetzt, um im Bild zu bleiben, wohlig satt fühle. Dennoch bin ich komplett erledigt. Und krankgeschrieben, wenn auch nur für zwei Tage. Mein Therapeut begreift durch wenige Sätze, wie groß der Stress ist, den ich verspüre. Als mir kurz die Worte fehlen, erklärt er mir mich. Ohne mich dabei in Schutz zu nehmen. Wie gut es tun kann, wenn jemand einfach empathisch ist: »Herr David, wie stehen Sie eigentlich zum Thema Krankschreibung?«

Auch er ist davon überzeugt, dass der Kessel kocht und ich Ruhe brauche. Es gebe zu viele Faktoren, die meinen Stress aufrechterhielten, sagt er. Da müsse ich ran, wenn es mir besser gehen solle. Wenn es nach ihm ginge, wäre ich ab jetzt bis zum Jahresende krankgeschrieben, aber das geht für mich nicht. Ich kann meine Kolleg:innen nicht so lang im Stich lassen. Trotzdem muss ich aufhören, Raubbau an mir zu betreiben, besser früher als später. Unbeschadet durch mein Volontariat zu kommen, das ist nicht mehr möglich. Dafür ist der Rucksack mit Ballast zu schwer, dafür ist mein Sympathikus zu aktiv. Ich spüre, dass mein Therapeut recht hat. Im Urlaub hatte ich an keinem einzigen Tag Magenschmerzen, zurück am Arbeitsplatz ging es mir wieder drei Tage lang schlecht. Heute habe ich mir freigenommen, und ich fühle mich besser. Erstaunlich, wie der Körper lahmt, wenn die Psyche nicht mehr kann.

Ich habe mit meinem Mitbewohner gesprochen und ihm erklärt, dass meine Stimmung nichts mit ihm zu tun hat. Für ihn, der bei solchen Dingen sonst schweigsam ist, war das wichtig zu hören.

Dienstag, 17. Dezember 2019 8.33 Uhr

Der Umzug ist geschafft. Eine beginnende Panikattacke konnte ich am Sonntag unter großen Mühen fernhalten. Beim Packen sah ich plötzlich so wenig Licht am Ende des Tunnels, dass ich eine Minute schnaufen musste, um mich zu beruhigen. Das anschließende Hyperventilieren konnte ich nur verhindern, indem ich mir den Mund zuhielt. Und das alles vor den Augen von Lucie, die bei diesem jämmerlichen Anblick, den ich abgegeben haben muss, zu weinen begann. Ohnehin mute ich ihr gerade viel zu. Gestern Abend haben wir darüber geredet, wie schwierig es für sie ist, meinen Stress so ungefiltert abzubekommen. Gemeinsam mit meiner Mutter hat sie mein Bett aufgebaut, während ich mit einem Freund wie ein Irrer meine Sachen durch die Stadt fuhr. Am Ende, keine hundert Meter vor der Station, an der ich den Sprinter abstellen konnte, habe ich mit dem Außenspiegel noch eine Baustellenbegrenzung geküsst, sodass jetzt vermutlich eine dreistellige Rechnung auf mich zukommt. Auch eine Vollkasko muss man sich leisten können. Trotzdem ist es nur ein kleiner Kratzer auf einem wahnsinnig anstrengenden, aber ansonsten guten Tag.

Gleich habe ich Therapie, danach muss ich mein altes Zimmer streichen, dann geht es in meine neue Wohnung, wo ich weiter versuchen werde, für Ordnung zu sorgen. Heute Abend werde ich das erste Mal in der neuen Wohnung schlafen. Ich habe Schiss, und mir ist kalt.

Eskalation

Sommer 2005. Seit etwas mehr als einem Jahr hatte meine Mutter nun einen Job. Nicht schwarz, nicht heimlich, einen richtigen legalen Job. Für zwanzig Stunden die Woche arbeitete sie als Sachbearbeiterin im Gesundheitswesen – und das ganz ohne Ausbildung. Sie hatte dadurch zwar nicht viel mehr Geld als vorher, dafür entfiel der Stress mit dem Amt. Auch musste sie nicht mehr ständig mit der Angst leben, bei der Ausübung ihres Nebenjobs erwischt zu werden. Ich kann mir nur vorstellen, wie es sich anfühlt, wenn man sich nach acht Jahren Arbeitslosigkeit eigenständig *in Arbeit* gebracht hat.

Meine Mutter hatte aber nicht nur endlich wieder einen Job, sie begann auch eine Therapie. Doch anstatt dass sich dadurch zu Hause etwas zum Guten wendete, kam die ganze Galle hoch. Die Dämonen, die sie jahrelang mühsam zurückgehalten hatte, zeigten sich nun. Es gab Phasen, da stritt ich nicht mit einer Erwachsenen, sondern mit einem Kind im Körper meiner Mutter. Die Therapie ließ Filme aus ihrer Vergangenheit in ihr abspulen, und wir stritten über Verabredungen zwischen uns, an die ich mich anders erinnerte als sie. Auch wenn vieles von dem, was sie mir vorwarf, stimmte – zum Beispiel dass ich meine Schule schleifen ließ, dass ich unzugänglich war und mich mehr und mehr von ihr abkapselte –, wurde ich auch immer wieder mit Vorwürfen konfrontiert, die mir völlig aus der Luft gegriffen zu sein schienen. Dadurch verselbstständigte sich mein Prozess des Rückzugs, denn nun war ich noch mehr auf der Hut. Konnte sie mir aus irgendetwas argumentativ einen Strick drehen?

Wie konnte ich belegen, dass ich recht hatte? Solche Gedanken wurden Alltag in meinem Kopf und trugen nicht zu einer Normalisierung unseres Mutter-Kind-Verhältnisses bei, sondern verhärteten die Fronten.

Meine Schwester hielt sich, soweit es ihr möglich war, raus. Sie hatte ihre eigenen Kämpfe mit meiner Mutter ausgefochten und entzog sich ihrem Dunstkreis inzwischen, wann immer sie konnte. Wäre ich der Ältere von uns beiden gewesen, ich hätte es genauso gemacht. Je mehr meine Schwester sich entzog, desto mehr rückte ich in den Fokus des ins Straucheln geratenen Mutterschiffs, das sich auf der Suche nach Halt an ihrem Sohn abarbeitete.

Einige Zeit vor ihrem endgültigen Auszug haute meine Schwester nach einem Streit mit unserer Mutter einfach ab. Weder meine Mutter noch ich wussten, wo sie steckte. Es war Tag eins oder zwei nach ihrer Flucht, ich saß gerade im Französischunterricht, da klopfte es plötzlich an der Tür. Unsere Lehrerin öffnete, sprach kurz ein paar Worte und winkte mich dann zu sich. Meine Schwester stand da, etwas nervös, und bat, kurz mit mir sprechen zu dürfen. Sie sei zu einem befreundeten Pärchen geflüchtet, das schon eine eigene Wohnung habe, und schliefe dort auf der Couch, erzählte sie mir auf dem Flur. In ihrem Gesicht las ich schlaflose Nächte und Erschöpfung, ihre Augen aber hatten etwas von dem Glanz jener Menschen, die beschlossen haben, ihr Schicksal selbst in die Hand zu nehmen. Alles sei gut, nur halte sie es zu Hause nicht mehr aus. Da schlugen zwei Herzen in meiner schmalen Brust, auf der erste Haare zu wachsen begannen. Ich konnte ihr die Flucht nicht verdenken, dennoch fühlte ich mich im Stich gelassen. Verschwörerisch umarmten wir uns zum Abschied, das

Gefühl, alleingelassen zu werden, blieb aber nicht einfach nur, nachdem sie wieder fort war, nein, es steigerte sich mit ihrem Auszug einige Monate später ins Unermessliche. Ich war den Launen meiner Mutter fortan allein ausgeliefert, und nun war ich es selbst, der, wann immer er konnte, vor ihr flüchtete. So wurde ich noch ruheloser, als ich es eh schon war. Rief einer meiner Freunde an und sagte, er sei im Viertel, dauerte es keine zehn Sekunden, und ich hatte mir meine Schuhe angezogen, eine Jacke übergeworfen und war unterwegs. Je mehr ich mich von meiner Mutter abkapselte, desto schlechter wurde unser Verhältnis. Der Druck, ihren Job nicht zu verlieren, und das Aufbrechen ihrer alten Wunden in der Therapie taten ihr Übriges.

Eines Tages gab meine Mutter mir nach einem Streit eine saftige Backpfeife. Den Grund dafür weiß ich nicht mehr, vielleicht war ich mal wieder zu vorlaut gewesen. Von dem Schlag brannte meine linke Wange, aber viel unerträglicher brannte meine Scham. Im beengten Flur unserer Wohnung standen wir einander gegenüber und schrien uns an – Beleidigungen, die kaum wüster hätten sein können, nur um den anderen noch mehr zu treffen, als man selbst getroffen wurde. Mit ihren harten Zügen und der kalten, zornigen Ausstrahlung ähnelte meine Mutter einer Bulldogge, und dieser Moment, in dem die Worte so gewaltig waren, dass sie völlig an Sinn und Wert verloren, war vermutlich ein deutliches Indiz dafür, dass ihre Depression und unser Verhältnis zueinander außer Kontrolle gerieten. Gleichzeitig war dieser Moment aber auch eine Zäsur. Ich musste mich entscheiden, und das tat ich. Ich richtete mich auf, meine linke Hand war zu einer Faust geballt, meinen rechten Arm hatte ich auf Brusthöhe zum Ausholen nach hinten angewinkelt. Wie ein Kirmesboxer, nur ohne Erfahrung. Auch meine rechte Hand war zu einer Faust geballt, die Haut über meinen Fingerknöcheln spannte sich weiß. Ich imitierte jemanden, der bereit war zuzuschlagen, vielleicht war ich es auch.

»WENN DU MICH NOCH EINMAL SCHLÄGST, HAU ICH DEINE FRESSE EIN!«

Meine Mutter erstarrte, als hätte sie mit einer derart wuchtigen Reaktion nicht gerechnet. Ein paar Hundertstelsekunden, die mir wie Minuten vorkamen, standen wir schweigend da. Weil ich nicht wusste, wie ernst sie mich nahm, und als wollte ich mich selbst vergewissern, dass meine Wut und ich, dass wir beide noch da waren, sagte ich mit bebender Stimme und rasend wie ein Wahnsinniger einen weiteren Satz:

»KOMM EINEN SCHRITT NÄHER, UND ICH HAU DEINE FRESSE EIN!«

Wenn man sich von der physisch-psychischen Dominanz seiner Mutter emanzipiert – und nichts anderes war diese unbeholfene Tat –, dann geschieht das oftmals nicht zivilisiert und schon gar nicht heldenhaft, sondern verzweifelt und roh. Meine Mutter erwachte aus ihrem Wahn und merkte, dass ihr die Kontrolle über die Situation entglitten war. Das Einzige, was sie dazu sagte, war in etwa: »Das wagst du nicht.«

Erst sagte sie es mit einem kalten, spöttischen Ausdruck im Gesicht, doch als ich wiederholte, dass ich sie schlagen würde, sollte sie noch einmal die Hand gegen mich erheben, wich diese spöttische und betont gehässige Miene einem Gefühlsausdruck, den ich sehr gut kannte: Angst. Schwer atmend rief ich ihr zu, dass sie es versuchen solle, dann werde sie schon sehen, ob sie recht behalte, dann werde sie sehen, ob ich bluffte.

Nun herrschte ein paar Sekunden lang eine Stille, die keine war, in der wir nur keuchend voreinanderstanden und uns fixierten, ich die Arme immer noch oben haltend, die Fäuste geballt. Ein stummer Dialog, ein Potpourri aus Ängsten und Vorwürfen.

Ich war siebzehn Jahre alt und hatte mich in diesem Augenblick ermächtigt, mein Schicksal selbst in die Hand zu nehmen. Abrupt drehte ich mich um meine eigene Achse und stürmte durch den kurzen Flur in mein Zimmer. Ich schepperte die Tür zu, auf der zu beiden Seiten Poster angebracht waren, die die Faustabdrücke meines Vaters verbargen, drehte den Schlüssel um und setzte mich aufs Bett – so wie unzählige Male zuvor, nachdem ich Türen geknallt hatte, weil einfach alles zu viel wurde. Es war das letzte Mal, dass meine Mutter mich schlug, vorbei für alle Zeit.

Montag, 23. Dezember 2019 9.55 Uhr

Gestern Mittag bekam ich einen Anruf von meiner Mutter. Ich fragte mich, warum sie anrief, *sie weiß doch, dass ich arbeiten muss,* und drückte sie weg. Ein paar Minuten später das Gleiche. Ich hatte mein Handy mittlerweile auf lautlos gestellt, und nur zufällig sah ich, dass es klingelte. Diesmal ging ich ran.

Sie (komplett am Heulen): »Ist was passiert? Ich dachte, ihr seid tot! Warum hat mich denn noch niemand angerufen, geht es euch nicht gut? Ich dachte, ihr seid tot!«

Ihr Geburtstag! Ich hatte ihn komplett vergessen. Sie lag mit Fieber im Bett, wachte morgens auf und wunderte sich, warum wir uns noch nicht gemeldet hatten, legte sich wieder schlafen und wachte mittags erneuert auf – immer noch ohne Lebenszeichen von ihren beiden Kindern.

Ich saß in der Redaktion und war verkatert. Nach dem Gespräch war ich fix und fertig, meine Mutter auch, nur dass sie es vorher eben auch schon gewesen war. Ich log, dass ich ihren Geburtstag nicht vergessen und sie ganz sicher später angerufen hätte, in der Mittagspause. Gebracht hat es nichts, das Gehirn meiner Mutter befand sich schon im Panikmodus, kein Anruf unter dieser Nummer. Ich wurde zum passiven Zuschauer eines Filmes verdammt, für den ich mir niemals freiwillig eine Karte gekauft hätte. Fragt einen ja aber keiner. So geht das, seit ich denken kann. Mal liegen zwei Jahre zwischen solchen Ausbrüchen, mal nur ein paar Wochen, das Ergebnis ist jeweils das gleiche. Für meine Mutter, die so viel Schlimmes erlebt hat, bin ich der erste Ansprechpartner.

Eine halbe Stunde später machte ich Mittagspause, immer noch komplett erledigt, und rief meine Mutter erneut an, um sie zu beruhigen. Doch an Beruhigung war nicht zu denken. Sie heulte, wie sie in meiner Gegenwart gefühlt schon eine halbe Million Mal geheult hat. Mein Selbstschutz sprang an, und ich fand sie einfach nur abstoßend. Schließlich brach ich das Telefonat ab. Jetzt war ich es, der heulte. Ich rief Lucie an, sie war die einzige Person, die mich jetzt wieder runterfahren konnte.

Eigentlich hätte ich hier von ein paar anstrengenden Tagen schreiben wollen, davon, dass ich nach meinem Umzug mit meiner Schwester zwei Wohnungen gestrichen und Laminat verlegt habe und jetzt zwar fix und fertig bin, aber trotzdem alles total in Ordnung ist. Und in Ordnung, das brauche ich gerade. Stattdessen Unordnung, Katastrophengehirn. Meine Familie und ich, das bedeutet immer zwei Schritte vor und drei zurück. Die Fortschritte sind nie linear, sie verlaufen wellenförmig. Und wie das bei Wellen auf offener See ist: Dauernd droht man zu ertrinken.

Draußen vor der Tür

Kurz nach den Sommerferien, zu Beginn der zehnten Klasse, waren wir auf einer zweitägigen Exkursion in Berlin, als mir zum ersten Mal bewusst wurde, dass meine Wahrnehmung anders funktionierte als die meiner Mitschüler:innen. Bevor wir zum Hauptbahnhof aufbrachen, um den Zug zurück nach Hamburg zu nehmen, wollte ich mit Anton, einem meiner besten Freunde aus der Klasse, noch eine Runde skaten. Den Zug würden wir später verpassen, aber das ist eine andere Geschichte. Anton und ich waren ein komisches Team. Durch unsere Hobbys, Skaten und Rappen, waren wir miteinander verbunden, zudem sahen wir uns in den Augen mancher zum Verwechseln ähnlich, aber manchmal gab es eine Distanz zwischen uns, von der ich nicht wusste, woher sie kam. Wir waren die Klassenclowns, die Abgeordneten in Sachen Humor, nur war Anton, auch wenn er erst später in unsere Klasse kam, auf Anhieb beliebter als ich, was mir nicht unbedingt recht war.

Mit der U-Bahn fuhren wir zu Antons Unterbringung, um sein Skateboard und sein Gepäck zu holen. Kurz nachdem wir im Wedding den U-Bahnhof verlassen hatten, klingelte Antons Handy. Während er telefonierte, bemerkte ich aus dem Augenwinkel plötzlich, wie drei Männer – kurze schwarze Haare, Bomberjacken in Schwarz und Dunkelgrün, die Polizei schreibt bei solchen Gelegenheiten »südländischer Typ« in die Pressemitteilung – auf den Fahrer und Beifahrer eines am Straßenrand parkenden schwarzen Mercedes zustürmten. *Das gibt Ärger,* dachte ich und schubste Anton gerade so weit zur Seite, dass er nicht in den Trouble hineinrasselte, da zückte einer der drei Angreifenden Handschellen. Der andere packte sich den Fahrer des Autos, und der dritte drückte den Beifahrer ans Auto, damit sein Kollege ihm die Handschellen anlegen konnte. Binnen weniger Sekunden war die Situation wieder vorbei. In dem Moment, in dem mein Gehirn begriff, dass es sich bei den Angreifern um Zivilpolizisten handelte, legte Anton auf und fragte mich, was los sei. Doch meinte er damit nicht den Vorfall an sich, sondern meinen gut gemeinten Schubser.

Noch verdattert und einigermaßen ungläubig, weil er offenbar nichts mitbekommen hatte, war diese Situation für mein jugendliches Ich eine Art Erweckungserlebnis. Klar, Anton war durch sein Telefonat abgelenkt gewesen, aber diese Szene musste er doch mitbekommen haben. Ich verstand, dass meine Aufmerksamkeit anderen Dingen galt als die meiner Mitschüler:innen, dass sie den Dingen galt, die ich von zu Hause und aus meinem privaten Umfeld kannte. Und da wog meine Herkunft weit schwerer als die vergleichsweise flauschige Schulsozialisation. In unserem Mietshaus zählten andere Dinge. Da war die Größe der SAT-Schüssel wichtiger als die Schullaufbahn der Kinder. In unserer Straße gab es überdurchschnittlich viele Menschen, die von unserer Gesellschaft als Verlierer:innen gebrandmarkt werden. In den dunklen Ecken meines Viertels, in dem die Häuser langsam aufgehübscht wurden und wo die Besitzer:innen und Mieter:innen wechselten, konnte man immer noch nach Belieben abgezogen werden.

Ein paar Monate nach der Berlinfahrt war meine Mutter das erste Mal, seit ich denken konnte, über Nacht weg. Ich hatte sturmfreie Bude und kam gegen kurz vor zweiundzwanzig Uhr nach Hause. Ich ging rechts am Eingang zum Treppenhaus vorbei und schloss das Tor zum Hof auf. Unsere Wohnung und die unseres direkten Nachbarn erreichte man nicht über das Treppenhaus, sondern über eine kleine Treppe auf der Rückseite des Hauses, zu der jeder Zugang hatte, vorausgesetzt, er kam in den Hof. Ich war noch keine Stunde zu Hause, da klingelte es an der Tür. Und dann gleich noch mal. Insgesamt drei- oder viermal, bis ich verwundert, weil ich keinen Besuch erwartete, zur Tür ging, um nachzusehen, wer um diese Uhrzeit noch etwas von mir wollte. Draußen war es mittlerweile schon dunkel, aber jemand hatte das Licht in unserem Treppenaufgang angemacht, sodass ich schemenhaft erkannte, dass sich auf der anderen Seite eine Person befand. Ich fragte, wer da sei. Ein Mann antwortete:

»Hallo, aufmachen.«

»Wer ist denn da?«

»Bitte machen auf, ich brauchen Hilfe.«

In blindem Gehorsam griff ich zum Türknauf, doch mein Puls fuhr sofort in die Höhe. Instinktiv begriff ich, dass sich hier etwas ganz und gar nicht Alltägliches abspielte. Ich öffnete die Tür, und kaum einen Meter vor mir entfernt kauerte ein Schwarzer Mann von ungefähr Mitte dreißig auf seinen Knien. Ich erschrak, machte einen Satz nach hinten und schrie. Sofort pumpte Adrenalin durch meinen Körper. Den Türgriff noch in der Hand, sah ich, dass sein weißes Shirt auf Brusthöhe blutdurchtränkt war. Inmitten des ungefähr zehn Zentimeter breiten Blutflecks war ein Riss zu sehen, der vielleicht von einem Messer stammte. Der Mann trug keine Schuhe und auch keine Socken, das bemerkte ich aber erst nach ein paar Sekunden, in denen ich um Fassung rang. Ansonsten konnte ich auf seiner

Haut weder Blut noch weitere Verletzungen erkennen. Völlig aufgelöst erkundigte ich mich nach seinem Wohlbefinden.

»Ist alles gut? Was ist passiert? Soll ich einen Krankenwagen holen? Die Polizei?«

»Nein, nein, bitte keinen Krankenwagen, bitte keine Polizei«, antwortete er mir in gebrochenem Deutsch und mit einer nicht zu überhörenden Panik in der Stimme.

»Was soll ich denn machen?«, fragte ich, immer noch sehr aufgebracht, aber mittlerweile auch ein wenig ratlos. Ich überlegte. »Wollen Sie vielleicht ein Glas Wasser haben?« Endlich eine brauchbare Frage!

»Ja, bitte Wasser!«, antwortete der Mann.

Aus Angst, der Mann könnte meine Wohnung betreten, ließ ich die Tür hinter mir ins Schloss fallen und ging die paar Schritte in unsere offene Küche, griff im Schrank nach einem Glas und drehte den Wasserhahn auf. Scheiße, was war hier los? Gestresst schnaubte ich auf und ging zurück zur Tür.

»Hier, trinken Sie.«

»Danke!«, sagte der Mann und trank hastig das Glas leer.

»Haben Sie Schmerzen?«, fragte ich in die Stille hinein.

Er nickte und deutete auf seine Brust.

»Was kann ich für Sie tun, wenn ich keinen Krankenwagen holen soll?«, fragte ich ihn hilflos.

»Kann ich Telefon?«

»Äh, ja klar! Ich mache kurz die Haustür zu, aber ich bin gleich wieder da mit dem Telefon.«

Er wurde wieder panisch. »Nein, bitte nicht. Lass mich rein, nur ausruhen.«

»Ich traue mich nicht, Sie reinzulassen, ich habe Angst vor Ihnen«, antwortete ich. »Ich bin sofort wieder da, versprochen!«

Ich holte das Telefon aus dem Wohnzimmer, zog es an seiner ellenlangen Schnur durch die Küche und den kleinen Flur mit der Garderobe und öffnete die Tür. Der verletzte Mann lehnte an der Mauer direkt neben der Haustür.

»Hier, bitte. Wissen Sie die Nummer?«

Er nickte und wählte mit zittrigen Fingern. Mein Blick fiel auf seine Hand, auf der sich blutige Schlieren abzeichneten, die aber, genau wie der Blutfleck auf seinem Shirt, nicht mehr nass und frisch glänzten, sondern bereits angetrocknet zu sein schienen. Die ganze Zeit pochte das Adrenalin in meinen Ohren, und ich überlegte, welche Handlungsoptionen ich hatte. Die ersten zwei Anrufversuche des Mannes scheiterten. Entweder er hatte sich verwählt, oder es ging niemand dran. Dann endlich, beim dritten Versuch, nahm jemand ab. Der Verletzte sprach in einer afrikanisch klingenden Sprache, die der Sprache meines Nachbarn aus Ghana ähnelte. Durch das Telefon hörte ich mehrere Stimmen, die lautstark auf ihn einredeten. Das ganze Telefonat dauerte höchstens drei Minuten, doch in diesem Moment kamen sie mir wie eine Ewigkeit vor. Nach ein paar Augenblicken wurde mir bewusst, wie sehr ich ihn beim Telefonieren anstarrte, also lehnte ich die Tür an, stützte mich an der Schrankwand im Flur ab und atmete durch. Ich lauschte, ob ich etwas verstehen konnte, was natürlich nicht der Fall war, und überlegte, wie es weitergehen könnte.

Was war geschehen? War ich in Gefahr? Im Nachhinein fiel mir ein, dass ich mir mehr Sorgen hätte machen müssen. War er lebensgefährlich verletzt? Hätte ich seine Blutung stoppen müssen? Hätte ich ihn fragen sollen, wer ihm das angetan hatte? Wo ihm der Messerstich zugefügt worden war? Warum er eine solche Angst vor einem Krankenwagen, vor der Polizei hatte? Stattdessen war ich heillos überfordert. Ich öffnete die Tür und bemerkte plötzlich, dass bei meinem ghanaischen Nachbarn nebenan noch Licht brannte und Musik lief. Die Küche lag im Dunkeln, aber aus dem Wohnzimmer schien ein Lichtstrahl durch das Küchenfenster, und auch die Lichtreflexionen in der Wohnungstür verrieten, dass er zu Hause war. Der Mann zu meinen Füßen legte auf und gab mir das Telefon zurück.

»Ich werden abgeholt!«

»Alles klar, gut. Von wem?«, fragte ich, ohne zu wissen warum, ich kannte ihn ja nicht.

»Freunde. Kann ich so lang bei dir ausruhen?«

»Nein, ich habe Angst, Sie in meine Wohnung zu lassen«, erklärte ich noch einmal und schämte mich, kaum waren die Worte ausgesprochen. Wovor hatte ich Angst? Dass er mich überfiel? Dass er selbst nicht nur Opfer eines Angriffs, sondern vielleicht auch Täter war? Ich weiß es nicht. Auch weiß ich bis heute nicht, ob seine Hautfarbe oder unsere Verständigungsprobleme Einfluss auf meine Entscheidung hatten. Wäre ich weniger vorsichtig gewesen bei einem Weißen? Bei jemandem, dessen Sprache ich geteilt, dessen Not ich verbal besser hätte verstehen können?

»Bitte, nur hinter die Haustür«, flehte er.

Traurig schüttelte ich den Kopf, und als er sah, dass es keinen Sinn hatte, mich überreden zu wollen, gab er auf.

Ich wünschte, ich könnte erzählen, wie ich diesem Mann, der sich so offensichtlich fürchtete, Schutz gewährte. Das kann ich aber nicht, denn ich ließ ihn vor der Tür sitzen. Ich fragte mich, wovor der Mann Angst hatte. Wie war er durch das Tor in den Hinterhof gekommen? Stand es offen? Aber ich hatte es doch zugemacht. Andererseits war das auch schon bestimmt mindestens vierzig Minuten her. Oder war er aus einer der anliegenden Wohnungen im Hof gekommen? Von wem fühlte er sich bedroht?

Laut fragte ich: »Willst du vielleicht zu meinem Nachbarn? Er kommt aus Ghana.«

Ohne es zu bemerken, war ich zum Du übergegangen. Das passiert mir immer wieder bei Menschen, die nicht weiß waren. Nicht aus mangelndem Respekt, sondern weil ich mich durch das Viertel, in dem ich aufwuchs, migrantisch gelesenen Menschen näher fühlte.

Ich zeigte auf das illuminierte Küchenfenster im Laubengang. »Willst du bei ihm klingeln?«, fragte ich.

Er schüttelte den Kopf. »Du klingeln«, sagte er.

Jetzt schüttelte ich den Kopf. »Ich traue mich nicht an dir vorbei«, gab ich zu.

Der Mann nickte, und ich meinte, Trauer in seinem Blick zu erkennen, aber vielleicht waren es eher seine Schmerzen. Entkräftet und verletzt, wie er war, robbte er schließlich auf seinen Knien zur Haustür meines Nachbarn. Bei diesem Anblick wuchs meine Scham zu einem körperlichen Schmerz, der mich durchzuckte. Ich war zur Salzsäule erstarrt, unfähig, mich vom Fleck zu rühren. Das Geräusch seines auf dem Steinboden schabenden Hosensaums wanderte in einem kalten Schauer meine Wirbelsäule hinunter, und ich hatte es nicht anders verdient. Drei oder vier Sekunden später, die sich wie Lichtjahre anfühlten, hatte er die Tür erreicht und klingelte. Nach einer mir wieder endlos erscheinenden Weile wurde beim Nachbarn die Musik leiser gestellt, aber niemand machte auf. Seltsam. Der Mann wartete und klingelte erneut, angefeuert durch mein zustimmendes Nicken. Die Musik blieb leise, die Tür blieb zu. Entmutigt robbte der Mann zurück und lehnte sich wieder an die Mauer neben der Haustür. Ich brachte ihm ein weiteres Glas Wasser, von dem er trank wie jemand, dem plötzlich bewusst wird, dass er seit Tagen zu wenig Wasser zu sich genommen hat. Nachdem er das Glas ausgetrunken hatte, sprach er mich erneuert an.

»Meine Freunde kommen und holen mich.«

Ich nickte, und gemeinsam warteten wir schweigend auf seine Freunde. Zwischendurch murmelte er immer wieder einige unverständliche Worte vor sich hin. Immer wieder starrte ich auf den Blutfleck in der Mitte seines T-Shirts, der Gott sei Dank nicht größer wurde. Plötzlich ertönte aus einem Fenster im zweiten Stock des Hauses nebenan die Stimme eines anderen afrikanischen Nachbarn. Er sprach den Mann vor meinen Füßen an, obwohl dieser durch die Mauer, die den Laubengang begrenzte, kaum zu sehen sein konnte. Die beiden Männer unterhielten sich, wobei mein verletzter Patient sich merkwürdigerweise nicht ein einziges Mal zu dem Nachbarn im Hof umdrehte. Ob sie sich kannten oder worüber sie sprachen, blieb für mich im Verborgenen. Nach kurzer Zeit schloss der Nachbar aus dem Nebenhaus sein Fenster wieder, und ich erwachte aus meiner Lähmung und ergriff die Initiative. So langsam kam ich mir überflüssig vor, da seine Kumpels ja bald auftauchen wollten. Ich sagte ihm, dass ich die Haustür schließen würde, er aber jederzeit klingeln dürfe, wenn er was brauche.

Nachdem ich die Tür zugemacht hatte, rannte ich erst mal aufgescheucht durch die Wohnung. Mein Kopf hatte sich mittlerweile so mit der Situation abgefunden, dass immerhin mein Adrenalinspiegel sich wieder etwas gesenkt hatte. Dennoch blieb eine unbeantwortete Frage in meinem Kopf: Was tun? Ich rief Giaco an, meinen besten Freund. Vielleicht wusste der ja, wie man angemessen mit angestochenen Männern in Hinterhöfen umging. Giaco war sofort voll bei der Sache und schlüpfte in die Rolle des Ein-Mann-Kriseninterventionsteams. Als ich die ganze Geschichte erzählt hatte, hörte ich auf einmal laute Stimmen vor der Tür. Ich versprach Giaco, gleich wieder anzurufen, und legte auf. Dann ein Klopfen. Nicht so ein schüchternes Klopfen, mehr ein lautes, aggressives Bummern. BAM BAM BAM BAM BAM. *Fuck, die klopfen an meiner Tür,* dachte ich. Weil ich dazu mehrere gleichermaßen tiefe und laute Männerstimmen hörte, traute ich mich nicht mehr an die Tür. Wie ein Soldat im Häuserkampf robbte ich ins Wohnzimmer. Mit dem Telefon anstelle des Gewehres in der Hand versuchte ich, von dort einen Blick auf die Männer zu erhaschen. Fehlanzeige, der Winkel war zu steil, ich sah nichts. Wieder klopfte es. BAM BAM BAM BAM BAM. Wieder hörte ich sie rufen. Ich stellte mir vor, wie ich die Tür aufmachen und direkt abgemurkst würde. Keine Zeugen und so. Die altvertraute Panik überfiel mich, und ich rief nach kurzer Abwägung bei der Polizei an – obwohl der Mann sich so gefürchtet hatte, als ich ihn fragte, ob ich einen Krankenwagen rufen oder die Polizei alarmieren sollte. Die Polizistin am Telefon stellte viele unnötige Fragen, versprach aber, einen Wagen zu schicken. Ich legte auf, und nur kurze Zeit später hörte ich das Tor rumpeln. Dann nichts mehr. Leise öffnete ich die Terrassentür, drückte mich im Schutz der Dunkelheit an der Häuserwand durch unseren kleinen Garten und riskierte einen Blick. So plötzlich, wie der verletzte Mann vor meiner Tür erschienen war, war er nun wieder weg. Die Männer, die ich klopfen gehört hatte, ebenso.

Schon schämte ich mich, die Polizei gerufen zu haben. Das hatte sich der Mann anders vorgestellt. Ich wollte ihn ja nicht in Schwierigkeiten bringen. Vermutlich war sein einziges »Vergehen«, dass er sich ohne geklärten Aufenthaltsstatus in Deutschland aufhielt, in Gefahr geraten war und nicht abgeschoben werden wollte. Und trotzdem hatte ich die Polizei gerufen.

Ich ging zurück in die Wohnung, und etwa zwanzig Minuten später klingelte es erneuert. Sekunden später standen zwei tiefenentspannte Polizisten vor mir. Ich öffnete das Junkie-Nadeln abhaltende Hoftor – es war tatsächlich zu – und erzählte in groben Zügen, was geschehen war. Die beiden Polizisten hörten mir einigermaßen ungläubig zu, bis einer der beiden fragte:

»Wenn das stimmt, müssten hier ja Blutspuren zu finden sein. Sie sagen, das Tor war die ganze Zeit zu?«

»Ich glaube, es war zu«, antwortete ich. »Zumindest hatte ich es selbst zugemacht, als ich nach Hause kam. Kann aber auch sein, dass der Verletzte aus dem Hof kam und nicht von vorn, von der Straße.«

»Dann wollen wir das mal überprüfen, kommen Sie ruhig mit«, sagte der Polizist, der das Gespräch mit mir führte. Mit zwei Taschenlampen bewaffnet zogen wir zu dritt durch den kleinen verwinkelten Innenhof. Die Polizisten leuchteten in alle Büsche, konnten aber nichts Auffälliges entdecken. Ratlos leuchtete mir der ältere der beiden Beamten anschließend mit der Taschenlampe ins Gesicht.

»Sagen Sie, haben Sie gekifft?«, wollte er wissen.

Ich hatte nicht gekifft und verneinte, woraufhin die Beamten unverrichteter Dinge wieder abzogen.

Bis zum Schluss war ich in meiner Schule derjenige mit den komischen Geschichten von abgestochenen Männern in Hinterhöfen, derjenige, der von Hausdurchsuchungen erzählte, von Dealern, von Schlägereien. Und indem ich davon berichtete, was bei mir in der Nachbarschaft oder im Haus passierte, markierte ich mich, ohne es zu beabsichtigen oder zu verstehen, als den anderen. Den Geschichtenerzähler. Wie Menschen, die im Fitnessstudio nur ihren Oberkörper trainieren, aber die Rumpfmuskulatur und die Beine vernachlässigen, geriet ich in eine Schieflage. Während viele meiner Mitschüler:innen durch Auslandsaufenthalte, durch das Erlernen von Fremdsprachen, durch Erfolge im Sportverein soziales Kapital sammelten, blieben mir nur meine Geschichten, die ich ihnen entgegensetzte. Ein ungleicher Kampf. Ich verstand nicht, dass meine Erfahrungen nicht denselben Wert hatten wie die meiner Mitschüler:innen. Meine Erlebnisse mochten spannend oder interessant sein, aber in der richtigen Welt zählten sie nicht. Noch war diese Erkenntnis eher ein Gefühl als ein wirkliches Begreifen, aber allein dieses Gefühl reichte aus, um mich nach Freundschaften jenseits der Schule umzusehen.

Zurück in Hamburg. Die Wohnung ist seit heute zu gut fünfundneunzig Prozent eingerichtet, und ich bin zu mindestens ebenso viel Prozent ruhebedürftig – nach vier freien Tagen. Vor mir liegen drei Arbeitstage, zwei Tage frei, zwei Arbeitstage, zwei Tage frei, fünf Arbeitstage, drei Tage frei. Und dann ist es erst Mitte Januar. Für den Olivier von vor ein paar Jahren wäre das ein beschaulicher, vielversprechender Einstieg ins neue Jahr gewesen. Für mein heutiges Ich klingt der Arbeitsplan wie eine Bedrohung. Ich habe noch elf Monate und drei Tage Volontariat durchzustehen. Minus sechsunddreißig Tage Urlaub – davon sechs Tage Resturlaub –, minus einen Monat Praktikum in einer anderen Redaktion. Dazwischen Alltag.

Obwohl eigentlich alles gut ist, bin ich täglich kurz davor aufzugeben. Aber eben nur kurz davor. Seitdem ich mir im Sommer erlaubt habe, Schwäche zuzulassen und eine Therapie zu beginnen, geht es bergab. Nicht ein bisschen bergab, sondern ungebremst, im freien Fall, ohne Rettungsschirm.

Gestern, nach zwei wirklich besinnlichen Feiertagen, stiegen Lucie und ich in den Zug zurück nach Hause. Bereits am Bahnhof war der Lärm für mich unerträglich. Durchsagen auf Deutsch und Englisch, Ein- und Ausfahrten von Zügen in allen erdenklichen Quietsch- und Brummtönen. Nach dem Einstieg hielt unser Zug innerhalb von fünfundvierzig Minuten dreimal. Das hieß dreimal »Willkommen im Ruhrgebiet«; hieß dreimal »Herzlich willkommen bei der Deutschen Bahn auf der Reise von Köln nach Hamburg-Altona mit planmäßigem Halt in Duisburg, Essen, Gelsenkirchen, Münster und Hamburg Hauptbahnhof«; hieß auch dreimal

»In wenigen Minuten erreichen wir Duisburg Hauptbahnhof« (Essen, Gelsenkirchen ...); und hieß dreimal »Ausstieg ist in Fahrtrichtung links« (links, rechts ...). Obendrauf gab es das Ganze dann noch auf Englisch, die Deutsche Bahn ist ja »internäschonäl«. Dazu dauernd: »Entschuldigung, sind Sie sicher, dass Sie auf dem richtigen Platz sitzen, ich glaube, wir haben die Plätze dreiundvierzig und fünfundvierzig reserviert.« Vor lauter Reizüberflutung war ich kurz davor, irgendjemanden zu boxen, konnte mich aber zügeln, während Lucie mich mit Musik versorgte. Weil ich mir selbst nicht über den Weg traute, guckte ich die Schaffnerin bei der Abfrage meines Tickets lieber nicht an. Man konnte ja nie wissen.

Heute: *same, same but different.* Die Challenge des Tages lautet: meine Kleiderstange aufbauen, inklusive bohren, Dübel einsetzen, Kette spannen. Mein Modus: bohren, heulen, bohren. Schon die kleinsten Unstimmigkeiten bringen mich völlig aus dem Konzept. Nun heißt es erst mal durchziehen, bis April oder Mai. Kaum zu schaffen, aber ich versuche es einfach.

Donnerstag, 2. Januar 2020 21.40 Uhr

Ich kämpfe mich durch ein dreiseitiges Roland-Kaiser-Interview in der *ZEIT* und frage mich unentwegt, warum ich mir das antue. Zumal ich glaube, dass ich gar keine Lieder von diesem Mann kenne. Gegen Ende des Interviews folgt die Erleuchtung. »Aus heutiger Sicht kann ich allen Erkrankten nur raten: Sagen Sie Ihrer Umwelt, was Sie haben. Ich hätte das viel früher machen sollen. Es war ein Fehler, so lang zu warten.«

Sagt er. Einfach so. Nach fast drei Seiten. Er hat die Lungenkrankheit COPD, ich PTBS. Beides hat vier Buchstaben, beides klingt ansteckend – da hören die Gemeinsamkeiten allerdings auch schon auf. Ich beschließe, daraus keine tiefere seelische Verwandtschaft zu konstruieren, doch ein Zeichen, finde ich, ist es schon. Also weniger das mit der Anzahl der Buchstaben als die besagte Stelle, die sich mir nach drei Seiten quasi aufgedrängt hat. Warum das alles so wichtig ist? Weil die Frage, ob ich früher oder später zu meinen Chefs gehen soll, um zu sagen, was mit mir los ist, für mich zu einer Ganz-oder-gar-nicht-Frage geworden ist. Sagen oder lassen. In meinem Kopf bin ich gerade eher dafür, mit offenen Karten zu spielen.

Ein Kind im Körper eines Mannes

Über einen gemeinsamen Freund lernte ich CJ kennen. Das C und das J sind die Anfangsbuchstaben seines Vor- und Nachnamens. Wir schrieben Songs zusammen, kifften, und hatte er vor mir Schulschluss, schwänzte ich immer mal wieder spontan ein paar Stunden, um mit ihm rumzuhängen. An manchen Tagen pendelte ich regelrecht zwischen dem in Schulnähe gelegenen Bong-Zimmer eines ehemaligen Mitschülers und CJs Wohnung, dessen Zimmer mit Vinyls unserer Rap-Stars vollgehängt war. Die Schule geriet immer mehr in den Hintergrund – was sich erst nach den Sommerferien zur zwölften Klasse, zumindest kurzfristig, änderte. An Waldorfschulen ist es üblich, dass die zwölften Klassen ein Theaterstück aufführen, an dem sich alle beteiligen. Unser Lehrer entschied sich für *Trommeln in der Nacht* von Bertolt Brecht. Die Proben und Aufführungen gehörten zu den wenigen schönen Momenten meines letzten Schuljahres. Endlich ging es mal nicht um Hausaufgaben, deren Erledigung mir schwerfiel. Endlich konnte ich etwas von mir zeigen, mich entfalten. Klar musste ich, der eine der Hauptrollen des Stückes spielen durfte, Text lernen, aber das wog wenig im Vergleich zu der Energie, die ich bei den Proben und später auch bei den Aufführungen aufsog. Das Theaterspiel gab mir Kraft und Selbstvertrauen, kurz: Ich wollte mehr davon. In Gedanken sah ich mich schon in einem Film mitspielen. *Wäre das nicht was,* fragte ich mich, *Schauspieler werden?* Ich musste grinsen. Das war ein schöner, wenngleich ziemlich unrealistischer Tagtraum.

Auch in Deutsch kam ich gut klar, zumindest am Anfang. Für meine Gedichte bekam ich vom Lehrer fünfzehn Punkte – die Maximalpunktzahl. Etwas an der Antihaltung, die ich den Haus-Maus-gereimten Schmachtversen meiner Mitschülerinnen entgegensetzte, schien ihm zu gefallen, aber da ich als Einziger in der Klasse kein Referat abgab, hatte ich auch dort nicht viel zu erwarten. Nach nur ein paar Monaten wurde mir klar, dass meine Bemühungen, so ehrlich sie auch gemeint waren, zu spät kamen. Die Wissenslücken waren inzwischen einfach zu groß. Der Graben zwischen Anspruch und Wirklichkeit war frisch geschaufelt, und ich stand auf der falschen Seite. Als ich das realisierte, übernahm meine Gleichgültigkeit.

Da die Klassen eingleisig waren, wurden die beiden Leistungskurse per Abstimmung gewählt. Die Klasse wählte Englisch und Biologie aus, und spätestens jetzt hätte ich die Schule wechseln müssen. Ich blieb. Deutsch, Sport und Theater waren die einzigen Fächer, in denen ich keine schlechten Noten hatte, trotzdem hätte der Notendurchschnitt von irgendwas um die dreieinhalb herum für das Fachabitur gereicht, wären da nicht die Leistungskurse gewesen. Um zu bestehen, musste man in seinen Leistungskursen mindestens fünf Punkte erreichen, was bei mir aber in Biologie ein Problem war, denn dort stand ich bei vier statt der rettenden fünf Punkte. Als meine Biolehrerin mir einige Monate vor den Sommerferien sagte, dass sie mich auf keinen Fall durchkommen lassen würde, selbst wenn ich in der letzten Klausur auf fünfzehn Punkte käme, war die Entscheidung gefallen. Bis auf wenige Ausnahmen ging ich von dem Tag an nicht mehr in die Schule. Wozu auch?

Bei Anton lief es ähnlich, doch im Gegensatz zu mir hatte er eine Familie, die für ihn in die Bresche sprang. Seine Mutter kam extra aus Süddeutschland nach Hamburg gereist, um mit den verantwortlichen Lehrer:innen zu sprechen. Mit Erfolg. Anton und seiner Mutter gelang, was ich nicht mal im Traum versuchte – weder allein noch durch die Hilfe meiner Mutter –, weil ich nicht gelernt hatte, mir etwas zu erkämpfen oder für mich einzustehen, und weil meine Mutter es längst aufgegeben hatte, zu mir durchdringen zu wollen. Anton bekam eine zweite Chance, durfte in der Klasse bleiben und schließlich sein Abitur machen, während ich sang- und klanglos ausschied. Die Klasse zu wiederholen, kam für mich nicht infrage. Ähnlich wie meiner Mutter fünfundzwanzig Jahre zuvor standen mir keine Ressourcen mehr zur Verfügung, mit denen ich mich noch länger hätte zusammenreißen können.

Der letzte Schultag stand sinnbildlich für meine gescheiterte Schullaufbahn, in der das letzte Jahr umsonst gewesen war und von der ich mich mit einem höchstens durchschnittlichen Realschulabschluss verabschiedete: Ich verschlief, wachte viel zu spät auf und rannte ohne geputzte Zähne zur Schule. Eben noch rechtzeitig lief ich der Schulsekretärin in die Arme, die das bereits verwaiste Gebäude gerade für die Sommerferien absperrte. Nach meiner atemlosen Erklärung öffnete sie für mich noch einmal das Schultor und brachte mir mein Abschlusszeugnis. Nichts mit Verabschiedung, keine Blumen, keine Umarmung. Ich fiel aus dem Raster, und niemand nahm Notiz.

Ende Juli 2007, ich war neunzehn Jahre alt, und die Schule und ich waren frisch geschieden. Was nun? Ich wollte nach

Barcelona, um dort meinen Zivildienst zu leisten. Obwohl ich noch nie dort gewesen war, zog die Stadt mich an, vielleicht weil von französischer Seite ein wenig katalanisches Blut in meinen Adern floss – der Großvater meines Vaters war spanischstämmiger Katalane. Jedoch musste man für den Zivildienst in Barcelona mehrere Tausend Euro Eigenbeteiligung aufbringen – wie viel genau, weiß ich nicht mehr –, und je öfter ich darüber nachdachte, desto klarer wurde mir, dass meine Idee sich bereits erledigt hatte, noch bevor ich sie anging.

Abgesehen davon, dass ich mir einen Zivildienstplatz organisieren musste, hatte ich keine Pläne und keine Ahnung, was aus mir werden sollte. Skaten als Ablenkung fiel weg, nach einer Knieoperation hatte ich das Board endgültig in den Keller stellen müssen. Meine destruktive Seite, die ich beim Skaten durchs Hinfallen hatte befriedigen können, der Schmerz, den ich brauchte, um mein Selbstbild aufrechtzuerhalten, fand auch dieses Mal einen Weg: Ich fing an zu rauchen, trank eigentlich jeden Tag Alkohol – und auch das Kiffen fand mehr Platz in meinem Alltag. Ich war im emotionalen Ungleichgewicht, und die Rauschmittel bewahrten mich davor, auseinanderzufallen. Bei genauerem Hingucken stopften sie allerdings nur die Löcher, die meine Sozialisation hinterlassen hatte. Jahrelang war es mir gelungen, all die Süchte meines Vaters von mir fernzuhalten, so wie er wollte ich nicht werden, doch jetzt wurde ich schwach.

Weil meine Mutter mir Dampf machte, suchte ich mir schließlich die erstbeste Kita raus, die Zivildienstleistende anstellte. Ich bewarb mich bei einer Kita, die an eine große Hochhaussiedlung angrenzte. Dort suchte man einen technikaffinen Zivi, der sich zweimal die Woche um die Computer im

Jugendtreff um die Ecke kümmern sollte. Es gab wohl kaum einen Menschen, auf den die Beschreibung »technikaffin« so wenig passte wie auf mich. Schon in der ersten Woche flog ich auf. Hermann, der Leiter des Jugendzentrums am Rande der Hochhausblocks, erklärte mir, welche Rechner Probleme bereiteten. Schon bei der Erklärung kam ich nicht mit. Mit einem sichtbaren Stirnrunzeln verließ Hermann den Computerraum und ließ mich in Ruhe arbeiten. Arbeiten, das hieß, mich auf allen neun Rechnern des Jugendzentrums auf Myspace einzuloggen und meinen neuen Hit *Autobahn* im Loop laufen zu lassen: »Mein Adrenalin werd ich los, indem ich Scheiße mach, wie zu wenig Leute mach ich Mucke nur aus Leidenschaft.« Ich brauchte Klicks, denn offenbar hatten noch nicht alle Menschen begriffen, was für ein ungeschliffener Diamant sich da aufmachte, das *Rap Game* in Fetzen zu reißen. Mein anderes Talent, die Wahrheit bis an ihre äußersten Grenzen zu dehnen, war im Jugendzentrum allerdings schon nach dem ersten Treffen erkannt worden. Es war klar, dass ich ihnen dort nicht helfen konnte mit ihren Computern. Glücklicherweise gab es noch einen anderen Zivildienstleistenden, Tim, der sich tatsächlich mit Computern auskannte. Wir tauschten. Tim übernahm meine Funktion im Jugendzentrum, ich ging für ihn in die Integrationsgruppe, in der ich in den kommenden Monaten zu verstehen begann, wie Armut schon im Kleinkindalter krank machte. Die Arbeit war emotional zermürbend und körperlich anstrengend. In meine Gruppe wurden verhaltensauffällige Kinder aus den Hochhausblocks gesteckt, die zu Hause so vernachlässigt worden waren, dass eine Behinderung diagnostiziert wurde, obwohl es ihnen nach Ansicht der Pädagoginnen nur an Fürsorge und Nächstenliebe fehlte. Die Jungs in meiner

Gruppe hießen Prince oder Said, die Mädchen hießen Mylady oder Fatma. Einer der Väter roch morgens schon nach Wodka, wenn er seinen Sohn Aleks zur Kita brachte. Wenn in Aleks' Nähe jemand schrie, bekam er es mit der Angst zu tun, reagierte aggressiv und schlug. Ein eindeutiges Zeichen von häuslicher Gewalt, zumal ich diese Reaktion von mir selbst kannte. Ein anderer Junge aus meiner Gruppe wurde von einem auf den anderen Tag nicht mehr von seinen Eltern, sondern vom großen Bruder gebracht, der nach ein paar Jahren aus dem Gefängnis entlassen worden war. Als Jugendlicher hatte er zusammen mit drei Freunden einen jungen Erwachsenen mit einem Messer umgebracht. Frisch aus dem Knast wohnte er mit inzwischen Mitte zwanzig wieder zu Hause und verbot seinen Eltern, vor die Tür zu gehen. Schon am zweiten Tag gab es Ärger beim Abholen: Er drohte einer Erzieherin, dass er sie umbringen würde. Was sie seiner Meinung nach getan hatte, wusste ich nicht. Die Polizei erschien, und der nach Ärger suchende Bruder kam nicht mehr in die Kita, dafür wurde der Junge nun wieder von seinen Eltern gebracht.

In meiner Gruppe war ich so etwas wie die Feuerwehr. Ich wechselte Windeln im Akkord, übernahm die Pausenaufsicht und begleitete die Kinder zum Mittagessen. Anschließend beaufsichtigte ich beim Mittagsschlaf Berkan, einen schwerbehinderten Jungen, der beim Schlafen auf der Seite liegen musste, weil er sonst an seiner Zunge zu ersticken drohte. Immer wieder wurde ich dabei erwischt, wie ich selbst schlief, während Berkan wie ein Käfer auf den Rücken gekippt war. Das wohlig warme Schnarchen der schlafenden Kinder machte mich so müde, dass das Wachbleiben für mich ein einziger Kampf war. Aber zum Glück war Berkans Zunge mir wohlgesinnt, nie verschwand sie in seinem Hals, während er und ich vor uns hin schnorchelten.

War der Feierabend erreicht, war ich oftmals so geräuschempfindlich, dass ich aus dem Bus stieg, wenn ein Kind auf dem Nachhauseweg schrie oder weinte. Um zur Kita und wieder nach Hause zu kommen, musste ich morgens und abends dreißig Minuten mit dem Bus fahren. Die gesamten neun Monate meines Zivildienstes sparte ich mir das Geld für die Fahrkarten und fuhr schwarz. Zu Hause zahlte ich keine Miete, auch wenn ich es nun eigentlich konnte. Mein ganzes Geld ging für Zigaretten, Bier und neuerdings auch immer wieder für Gras drauf.

Währenddessen verschlechterte sich die Stimmung zwischen mir und meiner Mutter immer mehr. Erst Jahre später verstand ich, dass der Grund dafür nur zum Teil mein ernüchternder Aufprall in der Schulabbrecherrealität war. Die schlechte Phase meiner Mutter dauerte an, wenn man denn überhaupt noch von einer Phase sprechen konnte. Klar, sie verzweifelte auch, weil sie nicht wusste, was in meinem Fall noch helfen konnte. Meine Augen waren öfter rot, wenn ich abends nach Hause kam, dazu roch ich ständig nach Alkohol. Ich ging ihr aus dem Weg, und sie wusste nicht weiter. Ich machte den Fehler, ihr gesamtes Verhalten auf mich zu beziehen. Geht es den eigenen Eltern nicht gut, denken Kinder, sie seien schuld an der Situation. Das, was meine Mutter und ich da täglich austrugen, war meist nichts anderes als Stellvertreterkriege. Meine Mutter hatte ihre eigenen Probleme, das wusste ich zwar, aber ich begriff nicht, dass sie sich lieber an mir abarbeitete, als sich komplett auf sich selbst zu konzentrieren. Und umgekehrt diente auch sie mir als Feindbild, denn so konnte ich der Wut, die ich in mir trug, eine Richtung geben. Ich war ein Kind im

Körper eines jungen Mannes. Ich hatte so viele kindliche Verhaltensmuster internalisiert, die verhinderten, dass ich mich um Dinge kümmerte, die wirklich anstanden: einen Plan machen, was ich erreichen will; mir überlegen, welche Ziele ich habe, welche Werte mir wichtig sind; überlegen, was ich tun muss, um meine Ziele zu erreichen, um meinen Werten gerecht zu werden.

Doch statt langfristig zu planen, hatte ich zunächst nur eines im Kopf: Nach dem Zivildienst wollte ich endlich meinen Vater in China besuchen. Bereits über Monate hinweg hatten wir hin und her überlegt, wann der richtige Zeitpunkt dafür wäre.

Nachdem mein Vater das Geld für den Flug überwiesen hatte, kaufte ich mir Flugtickets von Hamburg nach Hongkong. Die Prämie von siebenhundert Euro, die ich am Ende meines Zivildienstes bekam, war mein Budget für sechs Wochen China. Wenn mein Vater nur alle paar Jahre nach Europa kam, dann fuhr ich halt zu ihm.

Sonntag, 12. Januar 2020 23.00 Uhr

Habe vorhin mein Handy bei einem Wutanfall mit sehr viel Kraft auf den Boden geschleudert. Fazit eins (demütiges, nicht gesellschaftskritisches Fazit für Familie und Freund:innen): Sichere beim nächsten Mal vorher deine Daten, du Depp. Fazit zwei (selbstvergessenes, die Schuld am System suchendes, wütend grummelndes Fazit): Hätte ich beim Kauf des Handys mehr Geld gehabt, hätte ich mir nicht für vierzig Euro ein billiges China-Handy kaufen müssen, das von keinem Handyreparaturladen dieser Welt repariert werden konnte. Handyladenmitarbeiter: »Diese Marke habe ich noch nie gesehen, sorry.« Fazit drei (einzig legitimes Fazit): Bekomme deine Aggressionen in den Griff!

Samstag, 18. Januar 2020 16.57 Uhr

Ein kleines Stück Apfel hat mir gerade gezeigt, wie fragil das Leben ist. Huuuiiiifhhhh ist das Geräusch, das mein Atem beim Einziehen produziert, als ich allein zu Hause feststelle, dass ich praktisch keine Luft mehr bekomme, weil sich das Stück Apfel wie ein Stöpsel auf Höhe meines Kehlkopfes verkantet hat und nun erst mal Zoll verlangt. Innerhalb von höchstens zehn Sekunden, in denen ich so nach Luft ringe, zur Haustür renne, sie panisch aufschließen will, um zu meinem Nachbarn zu rennen, mich umentscheide, mein Glück im Badezimmer versuche, sickert das Bewusstsein in mich ein, dass es hier um die Wurst geht. Ich kann jetzt sterben, denke ich, und huste, wie vermutlich ein Roland Kaiser husten muss, wenn er von der

Bühne kommt und wieder COPD haben darf. Nur hat er COPD und ich eben Pech. Doch kurz darauf ist alles wieder gut und das Apfelstückchen im Waschbecken. Dafür wandert reichlich Adrenalin durch meinen Körper, das meine Hände mit Zitteranfällen und meine kleine Seele mit einer großen Portion Demut versorgt.

Worüber ich heute eigentlich schreiben wollte: Freizuhaben fühlt sich neuerdings an wie ein Rentner:innenleben im Luftkurort. Es ist gut, aber alles fällt so schwer. Musste ich die vergangenen fünfundzwanzig Jahre alles mühsam zusammenhalten, um nicht auseinanderzufallen, muss ich jetzt permanent innehalten, um meine Einzelteile einzusammeln. Noch vor Wochen hastete ich überallhin, zu wenig Zeit für den Moment, zu viel Fokus auf dem Gleich, Demnächst, Bald. Ein einziges Weggeträume und Hingehoffe. Heute gehe ich langsam, nehme mir Zeit, fühle nach. Und was ich fühle, fühlt sich ungewohnt an, und das nicht im positiven Sinn.

Wenn nicht jetzt, Wan Tan?

Kurz vor meinem zwanzigsten Geburtstag machte ich mich auf den Weg nach China. Zu diesem Zeitpunkt ging es mir nicht gut, denn so, wie ich war, brauchte die Welt mich nicht, das wurde mir klar. Aber noch hatte ich keine Möglichkeit gefunden, die Steine, die mir im Weg lagen, wegzuräumen. Nach einer ersten kurzen Beziehung hatte ich eine neue Freundin, aber nur eine geringe Meinung von mir selbst. Das war vielleicht auch der Grund, weshalb ich nach ein paar Monaten schon wieder Single war. Und meine Meinung von der Welt im Allgemeinen war auch nicht die beste. Die Welt hatte von mir nicht viel zu erwarten, und ich versprach mir nicht viel von ihr.

Die Nacht vor dem Flug verbrachte ich verliebt und schlaflos in Laken, die nicht die meinen waren, wurde verliebt und müde an einem frühen Maimorgen zum Flughafen gebracht und stieg verliebt und voller vorauseilender Sehnsucht in ein Flugzeug mit Kurs ins Ungewisse. Bis zum Rückflug in sechs Wochen hieß es aushalten, so lautete meine Devise. Eine ganz schön lange Zeit, um sie einfach nur auszuhalten.

Nach einem kurzen Intermezzo am Pariser Flughafen Charles de Gaulle hatte ich kapiert, dass das Gepäck beim Umsteigen direkt weiterverladen wird. Treudoof hatte ich am Band gewartet, bis nur noch ein orangefarbener Koffer, ebenso verloren, seine einsamen Runden auf dem Fließband drehte und ich über Lautsprecher ausgerufen wurde.

»Last call for passenger Olivier David for the Flight 4237 to Hongkong.«

Ich raste lange Gänge auf und ab, bis ich in der Ferne Flugbegleiter:innen entdeckte, die ihren verschollenen Passagier hektisch herbeiwinkten. Noch mal Glück gehabt. Zur Strafe war der Weg durch den Flieger zu meinem Platz ein Spießrutenlauf. Schwer atmend drückte ich meinen verschwitzten Körper an augenrollenden Managern und vorwurfsvoll starrenden Tourist:innen vorbei, bis ich schließlich meinen Platz in der letzten Reihe einnahm. Wir flogen los, doch ich war viel zu überdreht, um zur Ruhe zu kommen. Ich verstand nicht, wie sich der Sitz umstellen ließ, verstand nicht, wie sich im Bord-TV das Programm ändern ließ, und nach achtzehn Stunden im Flugzeug begriff ich außerdem nicht, wie ich ernsthaft hatte glauben können, mein Vater käme pünktlich – der Mann, dem meine Mutter früher, wenn es in den Urlaub ging, absichtlich eine verfrühte Abfahrtszeit nannte, damit er nicht zu spät kam.

Ich wartete zwanzig Minuten, bis ich mich schließlich dazu durchrang, meinen Nikotinspiegel aufzufrischen. Ich verließ die Ankunftshalle und rannte erst mal gegen eine Wand aus achtunddreißig Grad Wärme und einer Luftfeuchtigkeit von über neunzig Prozent. »Ganz schön heiß« war kein treffender Ausdruck dafür. Meinem Asthma missfiel die schwüle Hitze so sehr, dass ich mich nach einigen hastigen Zügen wieder in der klimatisierten Ankunftshalle herumdrückte. Als ich nicht mehr länger warten wollte, tauschte ich an einem Schalter einen Teil meines Geldes in Hongkongdollar um, kaufte mir eine Telefonkarte und rief meinen Vater an. Eine chinesische Stimme sagte etwas, was ich nicht verstand. Ich wählte seine europäische Nummer, aber er ging nicht ran. Also was tun? Ich überlegte, mir von meinen siebenhundert Euro einen Rückflug zu buchen, ließ es aber bleiben. Stattdessen wartete ich wieder.

Irgendwann zwischendurch weinte ich kurz, erschöpft und geplagt von der Verzweiflung über meine schon jetzt ungeahnt strapaziöse Reise. Zumindest nannte ich das Weinen, mehr als feuchte Augen ließen meine hochgezogenen Schultern und mein eindimensionales Bild von Männlichkeit damals nicht zu. Es sollten noch Jahre vergehen, bis meine Betonschultern die Erlaubnis zum Loslassen bekamen.

Mit sechs Stunden Verspätung tauchte mein Vater schließlich am Flughafen auf, mittlerweile war es Nachmittag geworden. Keine große Geste, erst recht keine Entschuldigung, stattdessen hatte er einen Riesenkater und blumige Schilderungen darüber parat, wie krass seine Hausparty in der vergangenen Nacht gewesen sei. Sie sei wirklich richtig krass gewesen, so krass, dass er verschlafen habe und erst gegen Mittag wach geworden sei. Da war ich schon seit zwei Stunden gelandet. Ich war viel zu baff, dass er sich bei mir nicht entschuldigte, um zu wissen, was ich ihm zuerst um die Ohren hauen sollte, also ließ ich es ganz bleiben. Jahre später gestand mir mein Vater, dass er sich in dem Moment so geschämt und nicht getraut habe, sich bei mir für sein Verhalten zu entschuldigen.

In Hongkong fuhren wir direkt in die Nathan Road, eine berühmt-berüchtigte Straße, in der man alles kriegen kann, was das Herz begehrt. Inmitten einer illegalen Einkaufspassage stiegen wir zusammen mit einem Haufen Migranten aus Afrika, die allesamt mit Waren jeglicher Art handelten, und einem Korb voller Hühner in einen Fahrstuhl und fuhren in den sechzehnten Stock eines Hauses, dessen Baugenehmigung mit Wachsmalstift auf eine Monopolykarte gemalt worden sein musste. Alles dort, wirklich alles, schien improvisiert. Das Zimmer war klein und schmutzig. War mein Vater pleite, knauserig, oder wollte er mir das wilde, ursprüngliche Asien zeigen? Vermutlich traf von allem ein bisschen zu. Der Ventilator flatterte bedrohlich schaukelnd umher, sodass ich glaubte, mein Vater oder ich könnten von einem der Rotorblätter gekillt werden.

Am Abend lud Gabin, ein Freund meines Vaters, uns zum Essen ein. Das Sushirestaurant befand sich im obersten Stock eines Wolkenkratzers. Wir stiegen in den Fahrstuhl und fuhren höher und höher, bis wir schließlich im zweiunddreißigsten Stock ausgespuckt wurden – und ich begriff, warum Hochhäuser Wolkenkratzer genannt werden. Nie zuvor hatte ich etwas Vergleichbares gesehen. Ein ganzes Meer aus glitzernden Lichtern, aus Türmen, Schluchten, Straßen, Kreuzungen und Werbetafeln entfaltete sich vor meinen Augen, ich konnte mich an dem Ausblick nicht sattsehen. Hongkong reichte bis an den Horizont und noch weiter.

Nur mit dem Restaurant gab es ein Problem, denn ich aß keinen Fisch. Jedes Mal, wenn ich zuvor Fisch probiert hatte, was in aller Regel aus Versehen der Fall gewesen war, endete es unschön. Vor dem ersten Gang wurde uns von immerzu lächelnden Kellnerinnen der Kopf massiert, was mir sehr unangenehm war. Wir unterhielten uns in einem Mix aus Französisch und Englisch, und langsam dämmerte meinem jetlaggeplagten Hirn, dass ich in der Schule doch besser hätte aufpassen sollen. Ich würgte zwei bis drei Sushihappen hinunter und lächelte, so oft es mir möglich war. Anschließend überredete ich meinen Vater, eine Pommesbude aufzusuchen.

Schon am ersten Tag hatte ich eine Überdosis Abenteuer abbekommen, dabei waren wir im wirklichen China noch gar nicht angekommen.

Am Abend darauf saßen mein Vater und ich mit ein paar Dosen Bier und einem Joint am Hafen von Hongkong. Wenig Haschisch, viel Tabak, das war das Mischverhältnis der Joints meines Vaters, dafür rauchte er am Tag mindestens eine Handvoll »Rollen«, wie er seine Joints nannte. Aus seinem Mund klang das nicht nur verniedlichend, durch seinen französischen Akzent bekam der Ausdruck auch etwas Tollpatschiges. Wenn er dazu noch sein verschmitztes »Ich bin ein kleiner Franzose und brauche dringend Hilfe«-Lächeln aufsetzte, hatte er die meisten Leute in der Hand, auch mich. Wir redeten und tranken Bier, und ich nahm mir voller Eifer vor, ein paar Dinge von früher anzusprechen. Kein lustiges Gespräch, aber es musste sein. *Was hast du dir eigentlich dabei gedacht, nie Unterhalt zu zahlen, Papa? Wieso fliegst du, wenn du uns besuchst, nie direkt nach Hamburg, sondern nach Amsterdam, und fährst von dort aus mit dem Zug weiter nach Hamburg? Warum hast du Mama geschlagen? Wieso habt ihr euch nicht früher getrennt?* Nur liegen zwischen Theorie und Praxis manchmal Welten. Während ich so anfing mit dem Verhör und mir wie ein verschlagener Fernsehkommissar vorkam, bemerkte ich mein galoppierendes Herz, das allein verriet, wie wenig ich dieser Situation gewachsen war. Ich war high vom Hasch, immer noch müde vom Jetlag und den vielen auf mich einprasselnden Eindrücken und erwartete nicht, aus den Antworten meines Vaters irgendwelche Konsequenzen ziehen zu wollen. Was, wenn er sagte, meine Mutter habe die Schläge verdient? Sollte ich sagen, dass er ein Arschloch ist, vor ihm ausspucken und zurückfliegen? Kaum waren seine sich reinwaschenden Antworten in meinen Gehörgang eingedrungen, verpufften sie konsequenzlos. Statt eines Verhöres ging dieses Gespräch als erster einer ganzen

Reihe mehr oder minder gescheiterter Versuche in die Geschichte ein, meinem Vater irgendwelche Schuldgefühle abzutrotzen. Seine Argumentation, minimal verknappt: Zu einem Streit – und als solches bezeichnete er auch häusliche Gewalt – gehörten immer zwei. Ich wüsste wohl nicht, wie meine Mutter nerven könne und wie sie ihn immer provozierte, ihm keine Ruhe gelassen habe. Ihm täte es ja auch leid, aber ... Das, was er sagte, war vielleicht nicht gänzlich falsch, aber es reichte bei Weitem nicht aus. Mein zwanzigjähriges Ich aber hatte erst mal genug gehört. Ich beließ es dabei. Meine Wut verdampfte in einer weiteren »Rolle« – und eigentlich war ich ganz froh darüber, denn ich wollte diesem kleinen Franzosen, wie er da so neben mir saß, nicht mehr länger böse sein.

Nach einigen Tagen in Hongkong hatte ich mein Visum für Festlandchina, und wir durften nach Shenzhen einreisen, in die Stadt, in der mein Vater lebte. Shenzhen liegt zwar nur etwa fünfundvierzig Zugminuten von Hongkong Downtown entfernt, kulturell trennten die beiden Millionenstädte damals allerdings noch Lichtjahre. Die ersten Wochen waren so langweilig, wie sie nur sein können, wenn der eigene Vater in einem der seltsamsten Länder der Welt lebt und morgens in der Pfanne Haschplatten aufwärmt, um sie besser in kleine Portionen zerschneiden und abpacken zu können. Dass er seinem *Bisnes*, dem Verkauf von Hasch, auch in China nachging, das hatte er in nebulösen Nebensätzen am Telefon immer wieder durchblicken lassen. Eine andauernde Horrorfantasie in meiner Kindheit war, dass er geschnappt wird und für Jahre ins chinesische Gefängnis muss. Mal dachte ich Monate nicht daran, was er in China erst nebenbei und dann immer offensichtlicher trieb, doch manchmal, wenn das Telefon klingelte, überkam mich Panik. Wer würde uns überhaupt informieren, wenn er geschnappt würde? Wie würde man ihn behandeln? Würde man ihn töten, wie andere Westler, die in China mit Drogen handelten, oder vertickte er dafür zu wenige Kilo? Solche Fragen stellte ich mir, und meine alte Freundin, die Angst, füllte dankbar die Lücke, die meine Fragen in mir hinterließen. Einer von zahlreichen Faktoren in meinem damaligen Leben, die meinen Stresslevel oben hielten und meine psychische Gesundheit unterminierten.

Der allabendliche Job meines Vaters bestand darin, seinen Gästen Wein und Bier anzubieten, anschließend rauchte man ein bis zwei Joints zusammen, und bevor die Gäste wieder gingen, verkaufte er ihnen ein wenig vom Hasch seiner eigens zu diesem Zweck angebauten Marke.

Tagsüber ging mein Vater einer regulären Arbeit nach. Damals arbeitete er als Sommelier in einem Sternerestaurant, das mit roten Puffsesseln, vergoldeten Spiegeln und Accessoires aus der Barockzeit eingerichtet war. Allein die Einrichtung habe eine halbe Million Renminbi gekostet, erklärte mein Vater, und ich verstand, dass ich erstaunt und ungläubig zu gucken hatte. Ich tat ihm den Gefallen. »Was, so viel?« Es war, als führte mich mein Vater, der nie mit konventionellen Dingen wie einem teuren Auto, einem Haus oder einer schicken Uhr prahlen konnte, nun voller Genugtuung in seinem Kuriositätenkabinett herum. *Guck mal, mein Sohn, das hier, das ist die große, weite Welt, nicht euer schnarchiges Hamburg mit den ganzen braven Leuten, die so lang arbeiten, bis die Uhr abgelaufen ist, und dann brav ins Grab hüpfen,* schien er mir fast täglich zwischen den Zeilen sagen zu wollen.

Alle, sowohl die Leute im Restaurant, in dem mein Vater arbeitete, als auch wildfremde Menschen auf der Straße, behandelten mich wie einen Halbgott, es war nicht auszuhalten. Ich, der nicht wusste, wohin mit sich, der mitten in einer veritablen Identitätskrise steckte, hatte sich, vom eigenen Vater unterstützt, innerhalb von zehn Tagen in China von einem regelmäßigen Kiffer in einen täglichen Konsumenten verwandelt. Aber die Leute sahen nur meine Hautfarbe und lachten mich fröhlich an, machten mir Platz, wiesen mir den Weg, schoben meinen Stuhl zurecht, verbeugten sich alle paar Sekunden, sodass ich mich noch viel räudiger fühlte als ohnehin schon.

Der Tagesablauf von Menschen, die regelmäßig Drogen nehmen, ist vor allem eines: monoton. Aufgestanden wurde zwischen zwölf und halb eins. Vor dem Frühstück trafen wir uns im Wohnzimmer und rauchten den ersten Joint des Tages. Mein Vater in Feinripp-Unterhose, ich in Boxershorts, besser ließ sich der Generationenunterschied nicht abbilden, während die Klimaanlage gegen das schleimige Husten meines Vaters anzukämpfen versuchte. Er kochte Kaffee, wir aßen Croissants aus einem Laden, in dem sie sich redlich bemühten, eine wenigstens mittelmäßige Kopie echter Croissants herzustellen, und jeden Tag scheiterten. Anschließend ging mein Vater zur Arbeit.

An den Nachmittagen lümmelte ich auf dem Sofa herum, zu feige, die Stadt, das Land, die Kultur aufzusaugen. Zu erschöpft von den bisherigen Eindrücken, um mich für irgendetwas zu interessieren. Zu verliebt, um dort, wo ich gerade war, glücklich zu sein. Das Wetter schlauchte, China schlauchte, ich schlauchte. Die Abende verbrachten wir meist im Nachtclub von Hijé, einem kleinen glatzköpfigen Chinesen mit kindlich-freundlichem Gesicht. Ich verstand nicht genau, ob wir in Hijés Nachtclub gingen, damit mein Vater dealen konnte, oder ob er sich dort bloß mit seinen Freunden traf, versuchte aber, mich zu beschäftigen, und übte mich in Smalltalks, bis mir die Ohren abfaulten. Wer ich sei. Was ich vorhätte im Leben. Welche Hobbys ich ausüben würde. Ob ich mir bewusst sei, wie sehr die Welt mir zu Füßen liege.

Diese Welt, die Welt meines Vaters, völlig egal, ob wir in China oder in Hamburg waren, war bevölkert von echten und unechten Gangstern, von Dealerfreunden, von Geschichten über ominöse Priester, die alles besorgen konnten, was das Schwarzmarktherz höherschlagen ließ. Saß mein Vater nach einem seiner Besuche in Hamburg wieder im Flieger zurück nach China, setzte ich diesen Maßstab an die Welt um mich herum, und na klar stank alles andere dagegen ab. Diese Gegenkultur, die ich von meinem Vater kannte, prägte mich mindestens genauso wie die relative Armut, in der ich aufwuchs. Wächst du auf, und um dich herum sind lauter Rechtsanwälte und Kaufleute, willst du Rechtsanwalt oder Kaufmann werden. Und ich wuchs eben woanders auf, wollte zwar nicht unbedingt Dealer werden, aber solche Rollenbilder waren meine Referenzpunkte. Die Strahlkraft dieser Welt zog mich auch in China in ihren Bann und ließ mich noch lange nach den sechs Wochen im Land der aufgehenden Sonne nicht los. Vielleicht hatte meine Mutter mir einmal zu oft zugerufen, dass ich genauso sei wie mein missratener Vater. Vielleicht bahnte sich auch nur die negative Energie, die ich in meinem Leben bisher aufgesaugt hatte, ihren Weg an die Oberfläche.

Ich war schon ein paar Tage in Shenzhen, da sahen wir Gabin aus Hongkong wieder, den alle nur *numéro deux* nannten, weil er dauernd damit prahlte, sich am chinesischen Standort seiner Firma, einer internationalen Handelsgesellschaft, bis zum stellvertretenden Chef hochgearbeitet zu haben. Schicke Fahrstühle und Marmorfoyers hatte ich in den vergangenen Tagen nun schon zuhauf gesehen, und das Haus, in dem *numéro deux* im achtunddreißigsten Stock direkt unter dem Dach eine Maisonette angemietet hatte, war da keine Ausnahme. Überschwänglich öffnete Nummer zwei uns die Tür und führte uns herum. Ich schwitzte, stank und fühlte mich so fehl am Platz wie an jedem anderen der vergangenen Tage.

Alles hier sah aus wie aus dem Katalog, das änderte sich auch nicht, als Gabins Katalogfreundin nach Hause kam und wir ein katalogmäßiges Barbecue auf dem Dach abhielten. Nur die Typen, die waren eher *GTA* als Katalog, allen voran der Gastgeber selbst.

Gabin war in Paris als Kind einer reichen Jurist:innenfamilie mit besten Verbindungen aufgewachsen. Als ihm die Jugend in der Pariser Bourgeoisie zu langweilig geworden war und ein bisschen Spannung hermusste, lernte Gabin einige *banlieusards* kennen, die so gar nicht in das Selbstbild seiner Eltern passten, und es begann ein filmreifes Leben zwischen Privatschule und Drogenschmugglerkarriere. Die Clique fuhr alle paar Wochen den Drogentreck Marbella–Paris mit dem Auto ab, und jedes Mal hatten sie in den Reifen oder in einem anderen Versteck ihres Autos einige Kilo Hasch an Bord. Eines Abends erhielt seine Mutter eine Warnung. Ihr Sohn habe Dreck am Stecken, weshalb es am kommenden Morgen eine Razzia im Haus der Eltern geben werde. Daraufhin packten die Eltern ihren Sohn kurzerhand in ein Auto und schickten ihn nach Marseille. Von dort ging es mit einem kleinen Kutter weiter nach Marokko, und ein paar Tage später landete Gabin auf einer Bohrinsel vor der Westküste Afrikas, auf der er in den kommenden Monaten arbeitete, ehe er einen Neuanfang in China wagte.

Gabin wurde zur *numéro deux,* und *numéro deux* hatte reichlich Bier auf der Terrasse parat, dazu wurde gegrillt, und es kamen ein paar Freunde zu Besuch: französisch sprechende Türken, Franzosen mit Geld, Franzosen ohne Geld, Australier, ich – auf der Dachterrasse traf sich ein bunter Mix aus erfolgreichen und gestrandeten Männern. Eines aber hatten sie alle gemeinsam: Es waren ausschließlich Westler. Das hier war eine mysteriöse, eine verlockende Welt, und so langsam begann ich, mich für sie zu interessieren.

Ich saß gerade allein auf der Terrasse, ein paar Meter entfernt von einem Pulk Menschen, da kam Gabin auf mich zu. Mit einem Bier in der Hand fragte er mich, wie es mir gehe und ob ich Spaß hätte auf seinem kleinen Grillfest. Hätte ich, bekräftigte ich. Er setzte sich neben mich und kniff mir onkelmäßig in die Schulter.

»Und, *Fiston,* was ist dein Plan, was hast du vor im Leben?«, fragte er. *Okay, das wird jetzt ein komisches Gespräch,* dachte ich – und sollte recht behalten.

»Keine Ahnung, ich hab gerade erst meinen Zivildienst hinter mir und ehrlich gesagt noch keine wirkliche Ahnung, was danach kommt«, erwiderte ich. Ich stockte. »Schauspieler werden, das wäre cool, aber dazu muss ich erst mal an einer Uni angenommen werden, das wird nicht so einfach.«

»Gut, aber leg dir einen Plan zurecht für den Fall, dass das nicht klappt«, sagte er und klang dabei, als halte er meine Idee für Kinderkram. »Schauspieler wollen viele werden. Wieso suchst du dir nicht lieber ein Studium, mit dem du später auch ein bisschen Geld verdienen kannst?«

»Nee, studieren, daraus wird nichts«, entgegnete ich. »Ich habe mein Fachabi in den Sand gesetzt.«

»Aber das kannst du doch nachholen, Junge. Lass dich nicht hängen, du bist doch noch jung. Besuch doch eine Abendschule! Glaub mir, du wirst das sonst noch bereuen«, sagte er.

Mittwoch, 22. Januar 2020 7.11 Uhr

Lucies Onkel ist gestorben. Gestern Abend waren wir in einem Restaurant in Berlin-Mitte, das es eigentlich nicht mehr gibt, aber für die Trauerfeier extra noch mal aufgemacht hat. Um kurz nach zweiundzwanzig Uhr, Lucies Eltern waren bereits gegangen, änderte sich mein Zustand innerhalb weniger Minuten dramatisch. Meine Ohren klingelten, plötzlich war alles zu viel, zu laut. Wir zogen uns an und verabschiedeten uns von den anderen Gästen, die noch da waren, doch für mich war es bereits zu spät: Der Lärm in der Bar hatte sich schon durch meine sämtlichen Schutzschichten gefressen. Ich war dem Kanon der Klänge in meinem Kopf schutzlos ausgeliefert, und diese anschwellende Geräuschkaskade bewirkte, dass mein Bewusstsein kurz vor dem Systemabsturz stand. Wir stiegen in die S-Bahn, nur war auch die zu laut. Lucie feuerte eine Salve Nieser in meine Gehörgänge, und mir wurde schwindelig. Meine Ohren rauschten und begannen binnen weniger Minuten zu schmerzen. Ich konnte nur noch auf den Boden gucken und mir die Ohren zuhalten. Was für ein Bild ich abgegeben haben muss! Meine Knie schlotterten, ich fing an zu schluchzen, und wenn Lucie mich etwas fragte, antwortete ich mit vor Panik piepsender Stimme. Wir stiegen aus, und sie manövrierte mich über eine große Straße in eine Passage hinein, weil sie dachte, dass es da besser werden würde. Doch Pustekuchen. Feiernde Leute überall, die S-Bahn-Gleise quietschten im Sekundentakt. Seit wir aus der Bahn gestiegen waren, hatte ich nicht eine stille Sekunde, meine Ohren waren einer Dauerbeschallung ausgesetzt, mein System fuhr nun endgültig runter. *Error 404 not found.* Ich zog Lucie in einen Hinterhof, wir setzten uns auf einen Vorsprung vor dem Fenster eines Restaurants. Nach zehn Minuten hatte ich mich so weit beruhigt, dass wir weitergehen konnten, auch wenn an meinem Körper nun Tausende Gewichte zu hängen schienen.

Lucie kündigte uns bei einer Freundin an, die uns ihr Bett überließ. Als wir zwanzig Minuten später ankamen, waren die Nudeln bereits gekocht, die Wärmflasche lag im Bett, der Tee war fertig aufgebrüht. »Leg dich einfach ins Bett und iss«, sagte man mir, und ich tat, wie mir geheißen.

Montag, 3. Februar 2020 16.41 Uhr

Nach drei freien Tagen bin ich völlig erledigt. So mit abends nicht mehr können und wollen. Mit Ohrensausen, weil die Welt da draußen für Leute gemacht ist, die weniger leicht zu beeindrucken sind als ich. Ich bin zu kaputt und fragmentiere in zu kurzer Zeit, um es noch für realistisch zu halten, das Ende meines Volontariates gesund zu erreichen.

Ich sitze in der Redaktion, und anstatt eine Nachricht aufzuschreiben, schreibe ich:

Über Armut wird in unserer Gesellschaft viel zu viel und viel zu absichtlich geschwiegen, ähnlich ist es mit psychischen Erkrankungen. Klar, es sollte weniger Armut geben, werden die meisten sagen – und machen nichts. Nichts an der Wahlurne, nicht mal Petitionen teilen, erst recht nicht Gruppen und Organisationen unterstützen, die dagegen anarbeiten. Nichts. Depressionen sind eine schlimme Sache, sagen viele – und machen: ebenfalls nichts. Ich habe Kopfweh, sagt einer in der Redaktion, geht früher nach Hause, und alle nicken verständnisvoll.

Kopfschmerz ist gleich aua, ist gleich nach Hause gehen. Alles normal. Ich habe eine psychische Erkrankung und gehe ergo nach Hause, möchte ich quer durch die Redaktion brüllen, aber das geht nicht, was macht das denn für einen Eindruck, sage ich mir – und sage nichts. Halte die Klappe und bleibe sitzen. Kann ich meinen Kolleg:innen und meinem Umfeld zumuten, dass ich meine psychische Erkrankung und den daraus resultierenden Dauerstress auf die Armut zurückführe, in der ich aufgewachsen bin, oder ist das zu viel? So viel Aufmerksamkeit steht mir und denen, die ähnliche Probleme mit mir teilen, eigentlich nicht zu. Klar, hier und da ein Betroffenheitsbericht: So schlimm ist es wirklich. Das geht. Aber dass aus dem einen Elend logischerweise das nächste erwächst, das stört doch nur, oder? Und was für ein Schuh würde erst draus werden, wenn man dazu eine gesellschaftliche Einordnung vornähme? Bei aller Empathie mit Menschen, die es schwer haben, die arm sind: Ein bisschen hat doch jeder auch selbst Schuld an seiner Geschichte, oder? Was ist denn mit den Leuten, die es nach oben geschafft haben, die hatten es ja auch nicht leicht, aber die haben sich eben zusammengerissen.

Solang sich in den Köpfen vieler Menschen, auch jener, die sich für aufgeklärt halten, solche Gedanken bilden, hat unsere Gesellschaft ein Problem. Ein Problem, das sich beheben ließe, wenn man denn wollte. Eines, das durch die Perspektive entsteht: top-down, vom gesellschaftlichen Oben nach Unten. Manche haben es aus der Grütze herausgeschafft, also muss es gehen. Das Problem bei der Bekämpfung von Armut ist ähnlich gelagert wie der Umgang unserer Gesellschaft mit der Kriminalität: Vor Gericht wird die Schuld eines Angeklagten erkannt, es wird auf seine Situation geschaut, aber am Ende trägt er die Schuld für das Verbrechen, das er begangen hat. Das ist schlüssig und rechtsstaatlich, ändert aber nichts an den Gründen, warum viele Menschen kriminell werden. Klar, komplexe Themen wie Kriminalität lassen sich nicht monokausal erklären, unstrittig ist aber der Zusammenhang von Ungleichheit und Kriminalität: Wo es ein hohes Maß an Ungleichheit gibt, dort geschehen mehr Verbrechen.[3] Auch ich kenne Situationen, von denen man sagen könnte, ich hätte mich nicht schlau verhalten. An den Gründen für mein Verhalten ändert sich dadurch nichts. Folglich wurden Fehler wiederholt, die in meinem Gedächtnis abgespeichert wurden. Wenn die Fragestellung nicht mehr lauten würde: Was haben diejenigen, die in Armut leben, falsch gemacht?, sondern: Was müssen wir als Gesellschaft besser machen, um Armut und ihre Auswirkungen zu verhindern?, dann würden wir das Problem endlich aus der Sicht derjenigen angehen, die es betrifft – und würden der Beseitigung von Armut zumindest ein Stück näherkommen. Wenn wir dann noch darauf kämen, dass man, um Armut zu bekämpfen, gar nicht erst auf »die Armen« schauen muss, sondern stattdessen die wirklichen Ursachen der Ungleichheit bekämpfen würde – ein lächerlich lascher Erbschaftssteuersatz für Superreiche, verbindliche Steuersätze für Großkonzerne, die Aushöhlung unserer repräsentativen Demokratie durch Lobbyist:innen, um nur drei Punkte zu nennen, dann wäre sie vielleicht ein Stück sichtbarer, die gerechtere Gesellschaft.

Als ich im vergangenen Sommer anfing, Tagebuch zu führen, wusste ich zunächst nicht, wohin mich das Schreiben führen

3 http://www.fh-guestrow.de/doks/forschung/kd/kd4/Soziale Schicht und Kriminalität.pdf

würde. Was ich aber wusste, war, dass es einen Grund für mein plötzliches Straucheln gab, das genau in dem Moment auftrat, in dem ich spürte, dass ich mit der Entscheidung, eine Therapie zu beginnen, den richtigen Weg eingeschlagen hatte. Der Grund für mein Straucheln – aktives, fortwährendes – ist derselbe, aus dem meine Schwester sich an ihrer Vergangenheit abarbeitet und meine Mutter ihre Dämonen bekämpft: Jede:r von uns ringt sich den Luxus vom Alltag ab, die eigene Situation zu reflektieren. Und was noch viel wichtiger ist: Wir geben uns nicht mit dem Platz zufrieden, den die Gesellschaft für uns vorgesehen hat. Wir leisten es uns zu straucheln, und das ist ein Privileg, das wir uns unserem Alltag abtrotzen.

Chinesisches Hinterland

Nach über zwei Wochen und einem ersten mutigen Ausflug allein (»Erkunde doch mal die Stadt, Olivier, geh mal verloren!«), ging es für mich und meinen Vater ins wilde, ursprüngliche China. Mit dem Zug fuhren wir nach Yangshuo, dort trafen wir auf zwei Brüder, Bekannte meines Vaters, die beide wie eine Mischung aus Jean-Claude Van Damme und Steven Seagal aussahen. Stephane, schwarze Haare, Pferdeschwanz, schwarzes Tanktop und mit einem beachtlichen Bizepsumfang ausgestattet, war der Jüngere von beiden und hatte früher in Afrika amerikanische Soldaten für den Dschungelkampf ausgebildet: Wie man überlebt, was man isst, wie man verhindert, in einen Hinterhalt zu geraten, und wie man tötet. Sein Bruder Louis war die vernünftige Version von Stephane und trug ein weißes Hemd, Jeans und ein dunkelgraues Leinensakko.

Am Nachmittag nach unserer Ankunft saßen wir in größerer Runde im Freien und aßen, mein Vater und ich, die beiden Brüder, die Frauen der Brüder und noch eine Handvoll anderer Freund:innen. Der lang gezogene Holztisch wurde mit Schalen und Schüsseln voller Fleisch und Fisch beladen, es war ein einziges Durcheinander aus »Gibst du mir mal« und »Kann ich mal bitte«. Beim Betrachten der angerichteten Speisen drehte sich mir der Magen um, dabei war ich völlig ausgehungert. Aus Bequemlichkeit war ich mittlerweile zum Gelegenheitsfleischesser geworden, wobei sich mein Fleischkonsum hauptsächlich auf den Verzehr von Cheeseburgern und Currywürsten beschränkte. Nun musste ich lauter Dinge essen, die mir weder mein Vater noch andere am Tisch erklärten, da ihnen bewusst war, dass ich das Essen niemals anrühren würde, wenn ich wüsste, was mir da serviert wurde. Meine Fragen wurden mit Lachen beantwortet, und es hieß: »Iss, das ist gesund.«

Nach dem Essen gingen wir in den unter freiem Himmel liegenden Innenhof des Hotels und setzten uns auf kleine Stühle und Hocker, manche nahmen einfach auf dem nackten Boden Platz. Es war Teatime, *Gong fu cha,* grüner Tee wurde serviert. Die Gefäße beim *Gong fu cha* sind kaum größer als Eierbecher, dafür wird traditionell über einen Zeitraum von mehreren Stunden immer wieder neuer Tee aufgebrüht. Trotz der Bitterstoffe war der Tee ein Geschmackserlebnis, doch viel wichtiger war seine Wirkung. Über mehrere Stunden konsumiert, wirkt das Teein ähnlich wie Kokain. Nach etwa zwei Stunden merkte ich, wie der Zug losfuhr und bis tief in die Nacht nicht mehr anhielt. Teerausch in China. *Wenn ich das zu Hause erzähle, hält man mich für bekloppt,* dachte ich und grinste.

Irgendwann setzten Stephane und ich uns auf die Treppen des Hotels und redeten über Gott und die Welt. Je später die Nacht, desto spiritueller das Gespräch. Es ging darum, welche Version seiner selbst man zulässt und wie man das Dunkle in sich besiegen kann.

Als es wieder zu dämmern begann, wurde es Zeit für mich, ins Bett zu gehen. Nur mit Mühe konnte ich meinen Vater, diesen in die Jahre gekommenen Lebemann, davon überzeugen, es mir gleichzutun, aber schließlich trotteten wir zu unserem einige Straßen entfernt gelegenen Hotel.

Am Tag darauf stand erstmal Auskatern an. Die Überdosis Teein hatte dafür gesorgt, dass ich auch nach einigen Stunden rauschhaften Schlafes noch zittrig auf den Beinen war.

Am Nachmittag erkundeten wir auf geliehenen Fahrrädern die weltweit einzigartige Landschaft. Wir gelangten in ein Tal, in dem eine Stille herrschte, wie ich sie noch nie erlebt hatte. Die Stille, die ich von zu Hause kannte, war in düstere Anspannung gepackt, in triefende Vorwürfe eingelegt. Hier war die Stille ein friedliches Nichts, das geduldig darauf wartete, in mir aufgenommen zu werden. An Reisfeldern und gezogenen Gärten vorbei führte ein Weg mitten durch das Tal, und nur gelegentlich lief uns ein Bauer über den Weg und nickte uns halb neugierig, halb misstrauisch zu. Wir fanden einen Platz im Gras, und mein Vater nutzte die Zeit, um einen Joint aufzudrehen. Die Natur war von einer extrem schlichten, fast kitschigen Schönheit, an der ich mich nicht sattsehen konnte. Vereinzelt sangen Vögel, und in der Ferne sah man Bauern ihre Reisfelder bestellen. Das war es, das chinesische Hinterland. Der friedlichste und schönste Ort, den ich bis dahin je gesehen, gehört, geatmet, gerochen hatte. So schön, dass nicht mal das ständige Schwitzen mich noch nervte. Nach über drei Wochen in Asien waren mein Körper und die Umwelt plötzlich im Einklang. Schwitzen, das war kein notwendiges Übel mehr, so wie am Anfang, der Schweiß wurde zur elementaren Verbindung zwischen meinem Inneren und der Außenwelt. Ich fühlte mich durchlässig und verbunden mit dieser so abenteuerlichen Umgebung – zum ersten Mal, seit ich in den Flieger nach Paris gestiegen war.

In den folgenden Tagen verschwammen die Zeiten, Orte, Gerüche, Menschen zu einem einzigen überwältigenden Etwas. Es war nun schon über eine Woche her, dass wir Shenzhen verlassen hatten, als wir schließlich in Dali ankamen. Das Hotel, für das wir uns entschieden hatten, war dreckig, dafür war der

Preis unschlagbar. Schon lange fehlte mir die Kraft, mich über die Prioritäten meines Vaters zu wundern. Sogar an die obligatorischen Löcher in der Bodenmitte der Duschen hatte ich mich nach dem ersten Schock in unserem Hongkonger Hotel inzwischen halbwegs gewöhnt. In weiten Teilen Chinas ist es üblich, Duschen zur äußeren und inneren Reinigung zu nutzen. Kacken und duschen zugleich.

Zunächst war es mir ein Rätsel, warum wir in Dali nicht im Hostel eines Bekannten meines Vaters übernachteten. Die Antwort auf meine Frage bekam ich erst, als wir das verschlafene Touristenörtchen mit den vielen traditionellen Fachwerkhäusern nach zwei Tagen wieder verließen.

Doch der Reihe nach. Nachdem wir eingecheckt und unser Zimmer bezogen hatten, erkundeten wir Dali. Ohne Ziel schlenderten wir durch die Gegend, so kam es mir zumindest vor, doch irgendwann bemerkte ich, dass mein Vater in andauernder Habachtstellung war. Auf irgendwas lauerte er doch, oder wurde ich langsam paranoid? Ich behielt recht. Wie so oft wollte mein Vater das Praktische mit dem Schönen verbinden und war auf der Suche nach einem »Cousin«, der ihm Hasch verkaufte. »Cousin« nannte er die Verbindungsmänner, die den Kontakt zwischen den Bauern und den Dealern herstellten. Verarbeitet wird der Hanf meist direkt von den Cousins, so ist deren Marge höher.

Mein Vater erklärte mir, er wolle nicht etwa nur ein bisschen Hasch für den Eigengebrauch kaufen, ihm ging es um mehr. Vielleicht war er in diesem Jahr seine Lieferung zu schnell losgeworden, vielleicht hatte er zu wenig bekommen. So oder so, er wollte mehr und pumpte sich vierhundert Euro von mir. Eine gefühlte Ewigkeit warteten wir auf einem kleinen

Gemäuer, anschließend latschten wir herum, doch der Cousin, den er suchte, war nicht in Sicht und ging auch nicht ans Telefon. Irgendwann war ich des Wartens überdrüssig und wollte bei Anthonys Hostel einkehren, bei dem Bekannten meines Vaters, bei dem wir mysteriöserweise nicht wohnten. Anthony war Chinese, sprach fließend Englisch, viel besser als ich, doch noch wichtiger war: Er bereitete das leckerste Rührei Chinas zu. In China ist es üblich, sich einen westlichen Namen zuzulegen, wenn man Umgang mit Tourist:innen hat, damit sie es leichter haben und weil sie die chinesischen Namen ohnehin nicht richtig aussprechen. Ziemlich sicher war Anthony also gar nicht sein richtiger Name. Für mich waren die Stunden in Anthonys Hostel eine willkommene Auszeit von meiner nun schon Wochen andauernden Diaspora, in der ich praktisch keinen Zugang zur eigenen Komfortzone hatte. Ich schrieb mit meiner Freundin, aß Rührei à la Anthony und ließ die Seele baumeln.

Am zweiten Tag, Dali lag cousinlos und in brüllender Hitze vor uns, gab mein Vater schließlich entnervt auf und ließ sich auf ein weniger gutes Angebot eines Nachwuchscousins ein, den er nicht einmal kannte. Mit Haschisch im Gepäck, das für einen mehrjährigen Aufenthalt im Gulag reichen würde, sollte es am kommenden Tag nach Lijiang gehen. Am Morgen holte uns ein Freund meines Vaters namens Bébo ab. In Bébos altem Renault fuhren wir immer höher hinauf in die Berge. Mir kam wieder in den Sinn, dass mein Vater ein so merkwürdiges Geheimnis um Anthony gemacht hatte, also hakte ich nach, und es stellte sich heraus, dass er Anthony, der mir tierisch cool vorkam, verdächtigte, für die Regierung zu spitzeln. Ich konnte und wollte nicht glauben, was ich da hörte.

Die Armaturen in Bébos Auto begannen zu piepsen, der Sprit war fast alle. Wir hielten Ausschau nach einer Tankstelle, aber wie das so ist, wenn man etwas braucht, es war keine in Sicht. Bébo, der als Jean-Reno-Double jeden Preis gewonnen hätte, fluchte. Vor unserem Renault fuhr ein mit Steinen gefüllter Lkw, der völlig überladen war. In jeder Kurve, auch wenn der Anstieg zu steil war, verlor er einen Teil seiner Ladung, und Bébo musste ihm ausweichen.

Wir waren schon weit über zweitausend Meter über dem Meeresspiegel. Die Straße war nicht mehr befestigt, eher eine Schotterpiste, und auch die Landschaft wurde immer karger. Am Horizont tauchten die ersten schneebedeckten Ausläufer des Himalajas auf. Die Luft wurde zunehmend dünner. Endlich entdeckten wir eine Tankstelle. Wir fuhren ran, doch prompt wurden wir enttäuscht: Die Tankstelle führte keinen Diesel. Also weiter. Unsere Nerven lagen schon blank, da hatten wir wenig später endlich Glück und konnten tanken.

Bébo besaß in Lijiang eine schicke Villa. Das Grundstück war von einer hohen Steinmauer umgeben, und das einstöckige Haus verfügte über einen akkurat angelegten Innenhof mit gestutztem Rasen, der von einigen Bäumen gesäumt wurde. Alles war gerade frisch renoviert worden, Böden und Wände waren fast komplett aus altem, unbehandeltem Holz. Eine Art Yoga-Retreat, nur ohne Gäste bisher, das würde sich laut Bébo aber bald ändern.

Bébo zeigte mir mein Zimmer. Außer einem Himmelbett und einer großen Holztruhe stand es leer. Nach den vielen unverarbeiteten Eindrücken war ich froh, mich endlich mal ein wenig zurückziehen zu können. Ich überließ Bébo meinem Vater und legte mich in das Himmelbett mit dem Moskitonetz drumherum. Obwohl ich völlig fertig war, fiel mir das Einschlafen schwer. Immer wieder hörte ich es knallen, unten in der Stadt, die jährlich das Urlaubsziel Abertausender Chinesen ist.

Es war mittlerweile dunkel geworden. Ich tapste hinunter in die Küche, wo mein Vater und Bébo saßen, und fragte, woher die Geräusche kämen. Ehe ich eine Antwort erhielt, goss Bébo mir ein Glas von seinem selbst gebrauten Baijiu ein, chinesischem Reisschnaps. Widerwillig stieß ich mit ihnen an.

»Ach, das sind die Bullen, die die Straßenhunde abknallen«, sagte Bébo und verzog keine Miene. Begleitet von einem Brennen im Hals verschwand der Baijiu in meinem Magen, schlagartig wurde mir warm.

»Die olympische Fackel kommt doch übermorgen hier lang«, erklärte er, als er meinen fragenden Blick bemerkte. »Das ist ein Riesenspektakel, und da nerven die Hunde nur.« Als er sah, wie verdattert ich ihn anstarrte, grinste er.

Der nächste oder übernächste Abend, ebenfalls in der Küche. Nach etwa einem halben Dutzend Gläser Baijiu kam es schließlich, wie es kommen musste. Ich, der wie ein Möchtegern-Vinz aus dem Film *La Haine* aussah (kurz rasierte Haare, Silberkette um den Hals), vertrat voll alkoholgeschwängerter Inbrunst die These, ich sei bloß die Summe der Gene meiner Eltern, *c'est tout*. Folglich könne aus mir nichts werden. Daraufhin, ich kann es ihm nicht verdenken, hielt mein Vater, ebenfalls angefeuert von der Kraft des Gerstenschnapses, ein flammendes Plädoyer für meine Individualität. Eine Rede, die ich eigentlich selbst hätte halten müssen, aber er war da nicht so und half mir gern aus. Na klar gebe es Gene, aber ich sei ja wohl völlig bescheuert anzunehmen, dass das alles wäre, konterte er. Zu behaupten, jeder Mensch wäre nur die Summe des Genmaterials seiner Eltern, verkenne total, dass jedes Wesen etwas höchst Eigenes sei, eine Seele mit auf die Welt brächte, und dass ich das nicht sehen würde, tue ihm regelrecht weh. Inhaltlich durchaus klug und auch richtig, nur dominierte in unseren vom Baijiu aufgeweichten Hirnen längst der Treibstoff – folglich zählte nur die Form, und die war bei diesem kleingeratenen Piraten überaus rustikal. Ich hörte gar nicht, *was* mein Vater da sagte, ich hörte nur, *wie* er es sagte – und konnte es schließlich keine Sekunde länger ertragen. Wenn er wütend wurde, hatte er die Angewohnheit, sich in ein redundantes Stakkato hineinzusteigern. Und der Reisschnaps machte ihn ziemlich wütend. Wenngleich gut gemeint, kamen seine Worte alles andere als sanft, schon gar nicht liebevoll aus seinem zum Flakturm gewordenen Mund. Seine Zunge feuerte die Silben, Wörter und Sätze nur so heraus: in einem Deutsch mit französischem Akzent und englischen Einwürfen, das sich hart und kurz ausgesprochen messerscharf seinen Weg in meinen Verstand bohrte. In meinem Kopf klingelte es, das Gefühl, seinen Wortsalven ausgeliefert zu sein, lähmte mich, und mir wurde bewusst, dass ich mich unverzüglich von diesem Gefühl befreien musste. Die einzige Möglichkeit, die ich sah, ihm das mitzuteilen, war, immer wieder seinen Namen zu rufen, doch er reagierte gar nicht darauf, redete nur immer weiter und weiter, und ich war mittlerweile völlig außer mir, weil mir dieser Geschützturm von einem Mann seinen ganzen über die Jahre angesoffenen Hass, seinen ganzen Frust entgegenschleuderte. Ich drohte ihm mit der Faust, doch auch das bemerkte er nicht, so tief war er in seinem Film versunken, so sehr bestimmte die Form sein Hirn.

Es knallte, der Tisch wackelte, und Bébo, sonst um keinen Spruch verlegen, sah erstaunt zu, wie ich nicht dem Gesicht meines Vaters, sondern dem Tisch eine Faust verpasste, in Richtung Tür stürmte und seine mit Glasfenstern besetzte Holztür an die Wand schepperte, deren Glas aus unerklärlichen Gründen heil blieb. Im Hof schleuderte ich herumliegendes Hundespielzeug durch die Gegend, danach bearbeitete ich schreiend vor Wut mit meinen Fäusten die Holzpforte, wodurch mehrere Knöchel meiner rechten Hand zu bluten begannen. Schließlich stürmte ich hinaus in die schwarze Nacht Lijiangs.

Die sechs Wochen in China gingen langsam zu Ende, was mir ganz recht war, da ich mir meiner selbst langsam überdrüssig wurde und mein Vater mir schon lange zu viel geworden war. Ebenso das Land, die Kultur, die mir den ganzen Urlaub über fremd geblieben waren, wie mir noch nie etwas zuvor fremd gewesen war. Die Tatsache, dass man lachte, auch wenn man jemanden nicht mochte; dass man sich gegenseitig nicht die Wahrheit sagte; dass alles hinter dem Rücken der Leute stattfand, nie vis-à-vis; dass der Staat ein totalitärer Staat war. Eine Sache jedoch verstand ich: Mein Vater war dort gelandet, weil man ihn hier, Autokratie hin oder her, so sein ließ, wie er war. Er konnte hier von seinen Projekten träumen und fand immer jemanden, der ihm zuhörte, ihn unterstützte, mit ihm trank, rauchte, feierte. Verhielt sich sein Exotenstatus in Deutschland entgegengesetzt zu seinem Schuldenberg – dieser wuchs, während er immer weniger der verrückte, aufregende Franzose war –, tickten die Uhren in China noch anders. Shenzhen war vor nicht einmal dreißig Jahren gegründet worden, eine richtige Kultur gab es in der Stadt noch nicht. Er konnte Teil von etwas Neuem sein. Der Ausländer mit der aufregenden Vergangenheit. Und er war in einem China angekommen, das es schon bald so nicht mehr geben würde – ein China, in dem weiße Menschen in den Großstädten noch als etwas Besonderes galten, egal ob sie erfolgreich waren oder nicht.

Dienstag, 4. Februar 2020 8.41 Uhr

»Beschreiben Sie Ihre Anspannung«, steht auf einem Zettel meines Therapeuten, den ich ausfüllen soll. Ich schreibe. Gedanken: Ich kann nicht mehr, ich verliere gleich den Verstand. Gefühle: Ohnmacht, Hoffnungslosigkeit, Trauer, Einsamkeit, Selbstmitleid. Körperliche Merkmale: schmerzende Ohren, Muskeln sind angespannt, gucke niemanden an (auf den Boden), Kiefer mahlt. Verhalten: abweisend, unruhig, barsch, egoistisch, unfreundlich.

Sonntag, 9. Februar 2020 18.00 Uhr

Lucie und ich sind im Kurzurlaub. Nach einem schönen ersten Tag fiel Samstagnacht alles von mir ab, und ich heulte von Mitternacht bis halb zwei Uhr früh, danach stand der Plan, mein Volontariat zu verkürzen. Am Montag schreibe ich meiner Gewerkschaft, danach rede ich mit unserem so gut wie sicher scheidenden Chefredakteur. Ich will ein halbes Jahr früher gehen dürfen – wegen Erschöpfung. Bis dahin heißt es durchhalten, und das könnte noch hart werden. Vor mir liegen sechs Tage Arbeit, ein Tag frei, vier Tage Arbeit, einer frei, zehn Tage Arbeit. Und das wohlgemerkt in der Sportredaktion, jenem Bereich, in dem ich jenseits von fürchterlichen Floskelgewittern nichts verloren habe. Bis Ende Juni, so weit schaffe ich es noch. Meine Waffen: krankschreiben lassen, Urlaub, Therapie, meine Freundin.

Montag, 10. Februar 2020 21.56 Uhr

Der Wind fegt durch die Bäume im Hof, Sirenen heulen. Sturmtief »Sabine« hat Deutschland fest im Griff. Habe vorhin mit meiner Schwester telefoniert. Die Idee, mein Volontariat abzukürzen, findet sie gut. Sie hat auch etwas zu erzählen: »Was ich dir sagen wollte, weil du davon ja öfter sprichst, ich hab am Samstag in der Körpertherapie auch eine krasse Erfahrung gemacht, was unser Kindheitstrauma angeht. Eine Frau hat bei einer Übung mit einem Schläger auf eine Matte gehauen, um ihre Wut abzubauen. Und das hat mich so in unsere Kindheit zurückgeworfen, zu Mama und Papa und den Schlägen. Jedenfalls habe ich total angefangen zu weinen, und der alte Polizist, der auch in der Gruppe ist, hat mich in den Arm genommen und mich getröstet. Das hat mir geholfen, das jetzt hinter mir zu lassen, glaube ich.«

»Aber meinst du, es ist gut, wenn man in so etwas hineingeworfen wird?«, fragte ich. »Also für mich fühlt sich das immer scheiße an.«

»Ja, aber nicht in so einem geschützten Rahmen«, sagte sie, »dort hat das geholfen.«

Raus in die Welt

Zurück in Hamburg erwartete mich die nächste Hürde. Meine Mutter setzte mir eine Frist für meinen Auszug, andernfalls würde sie mich rausschmeißen. Bis zu meinem zwanzigsten Geburtstag müsse ich mir ein WG-Zimmer suchen, so lautete die Ansage. Das, was ich aus meinem Leben mache, könne sie nicht länger mit ansehen. Ich wollte zwar ausziehen, suchte aber nur halbherzig, und so dauerte es noch zwei weitere Monate, bis ich bei einem Bekannten unterkam, der zusammen mit seinem Vater eine Altbauwohnung um die Ecke bewohnte. Das Zimmer war nur auf Zeit, also begann ich schon bald, erneut zu suchen, diesmal nach einer richtigen Wohnung.

Erst nach einigen Monaten wurde ich fündig und zog mit Cyrus zusammen. Cyrus und ich hatten uns durch CJ kennengelernt. Nach einer Ausbildung zum Koch, die er ohne großen Plan durchlief, hatte er dem Beruf inzwischen abgeschworen. Er kiffte mindestens genauso gern wie ich und hielt es auch nicht mehr gut zu Hause aus, außerdem hatten wir einen ähnlichen Humor, mehr Gemeinsamkeiten brauchte es nicht.

Auch nach dem Umzug in die eigene Wohnung ließ mich das Thema Geld nicht los, wie auch. Nicht mehr zu Hause zu leben, bedeutete schließlich, die Miete selbst stemmen und das Essen selbst besorgen zu müssen. Realpolitik statt Revolution. Meine Schwester arbeitete damals in der Filiale einer Biosupermarktkette und gab mir Bescheid, als sie erfuhr, dass bald ein neuer Laden in meiner Nachbarschaft eröffnet werden sollte. Ich bewarb mich, arbeitete erst zur Probe und unterschrieb kurz darauf den Vertrag. Nun räumte ich zweiunddreißig Stunden die Woche Regale ein, kassierte Kund:innen ab, verkaufte Käse und Brot. Ohne es zu beabsichtigen, hatten meine Schwester und ich den Weg unseres Vaters eingeschlagen.

Für mich war klar, dass der Supermarkt nur eine vorübergehende Station in meinem Lebenslauf sein würde, eine Randnotiz höchstens, und nichts, worauf ich baute. Bei meinen ehemaligen Mitschüler:innen waren die Wege zu weiten Teilen vorgezeichnet. Nach der Schule gingen viele für ein Jahr nach Australien, England oder in die USA, anschließend begann man ein Studium. So hatte es der Vater gemacht, oftmals auch die Mutter, so machten es die Kinder. Und bei mir? Vater Dealer, Mutter Sachbearbeiterin in Teilzeit, nachdem sie acht Jahre lang Leistungen vom Amt bezogen hatte. Wo waren bloß all die dubiosen Männer, die ich mir in meiner Kindheit herbeifantasiert hatte, die etwas Besonderes in mir sahen, wenn ich sie brauchte? Jetzt war ich bereit, die Wahrheit zu erfahren, es sei denn, die Wahrheit bedeutete, dass niemand da draußen auf mich wartete.

Unsere neue Wohnung war genau genommen das exakte Gegenteil von neu. Sie bestand aus zwei Zimmern, einer geräumigen Küche, einem hüfthohen Kabuff, in das man links neben dem Herd durch eine kleine Tür klettern konnte – in dem sich aber kein Gras anbauen ließ, weil es dort zu dunkel war –, und einem Badezimmer, in dem der Schimmel stand. Die Hauptmieterin war die Mutter eines Bekannten von Cyrus, die an uns untervermietete, da sie die Wohnung nicht aufgeben wollte. Sie bezog Hartz IV und wohnte nicht weit entfernt mit ihrer Tochter in einer Wohnung, in der Cyrus und ich sie einmal im Monat besuchten, um ihr die Miete in bar zu übergeben. Die dubiosen

Geldübergaben waren aber nur eine von mehreren Eigentümlichkeiten unserer neuen Wohnsituation. Unsere Vermieterin war ein bisschen irre. Nicht so sympathisch crazy, sondern besorgniserregend irre. Sprachen wir mit ihr, schien sie manchmal plötzlich komplett abwesend zu sein, zwischendurch redete sie mit sich selbst. Cyrus und ich bekamen von ihr einen Beutel und einen Koffer voller Utensilien, die wir zu besonderen Gelegenheiten in der Wohnung verteilen mussten. Im Haus, wie auch im gesamten Viertel, wurden gerade haufenweise Wohnungen verkauft. Auch der Eigentümer unserer Wohnung wollte verkaufen, deshalb durften potenzielle Käufer:innen die Wohnung besichtigen. So hatte es unsere Vermieterin mit dem Eigentümer verabredet, wohl in der Hoffnung, dass sie, wenn sie von ihrem unbefristeten Mietvertrag Abstand nehmen würde, eine Art Provision bekäme, die sie gut gebrauchen konnte. Zwei bis drei Stunden vor den jeweiligen Terminen bekamen wir von ihr Bescheid, dass wir den Inhalt von Beutel und Koffer – Schmuck, Tampons, Kinderbilder und Frauenkleidung – verteilen und die komplette Wohnung auf links drehen sollten. Es sollte so aussehen, als würde eine Verrückte mit ihrer siebenjährigen Tochter dort wohnen und nicht zwei durchs Leben taumelnde Dudes, deren größte Freude es war, so viel Gras zu rauchen, wie nur ging. Vermieterin um 14.50 Uhr:

hab's gerade erfahren heute besichtigung um 18 uhr räumt ihr auf???

Aschenbecher, Pizzaschachteln, die Frankreichflagge, die mir notdürftig als Vorhang diente, Pfandflaschenberge, Blättchen, Weed: Alles musste schnell in die kleine Kammer hinter der Küche. Schuhe vom Schuhregal ebenfalls, dazu alle

Utensilien aus dem Badezimmer. Jacke an, raus. Anruf bei CJ. Gemeinsames Treffen in der Einfahrt schräg gegenüber. Es war Dezember, sackkalt, ein eisiger Wind fuhr uns in die Kapuzen, die Finger brannten vor Kälte. Zu dritt steckten wir schützend die Köpfe zusammen, damit einer von uns einen Joint drehen konnte. Geld, um in Bars oder Cafés zu gehen, war Mangelware. Anhauen, bibbern und warten, dass sich die Bonzen wieder verpissten, die Schweine.

Kein Geld zu haben, lässt einen beizeiten Dinge tun, die einem ohne diese unsichtbare Hand im Nacken reichlich dumm vorkämen. Der Handlungsrahmen, das Fenster, durch das man auf Sicht fahren kann, wird immer schmaler. Was einem im Wohlstand aufgewachsenen jungen Erwachsenen niemals einfallen würde, wird plötzlich zu einer gangbaren Lösung. Nicht gut, aber was soll man machen.

Als Verkäufer blieben mir etwas weniger als tausend Euro im Monat. Die Zigaretten, das Gras, der Alkohol, all das kostete Geld, und so war ich oft schon pleite, als gerade das letzte Monatsdrittel begann. Ich gehörte nun zu den *working poor*, also zu den Menschen, die trotz Arbeit in relativer Armut leben. Zudem fehlte mir auch jede Übung im Umgang mit Geld. Meine Mutter konnte mit ihrem wenigen Geld haushalten, ihr fehlten allerdings die Mittel, das Wissen über den richtigen Umgang damit weiterzugeben. Doch selbst wenn sie es versucht hätte, sie wäre vermutlich gar nicht zu mir vorgedrungen. Hatte ich Geld, gab ich es aus. Mein stetig steigender Graskonsum wuchs in diesen Monaten zum größten Posten an, gleichzeitig wurde er auch zu einem Teil der Lösung. Bei den Bekannten, bei denen ich und meine Jungs das Gras kauften, besorgte ich immer wieder etwas mehr Gras, als ich für mich selbst brauchte. Dadurch finanzierte ich meinen Konsum. Am Anfang brachte ich zwei, drei Freunden einen Beutel Gras mit, zum Dank drehten sie einen auf. Irgendwann wurden aus zwei, drei Extrabeuteln fünfzig oder fünfundsiebzig Gramm, die ich auf Kommission mitbrachte. Ich empfand mich damals nicht als Dealer oder vielmehr als Läufer, es war eher so, dass sich in meinem Umfeld viele irgendwann mal auf diese Weise etwas dazuverdienten. Es war normal. Mit den Einnahmen refinanzierte man nur den eigenen Konsum, mehr war nicht drin – und zu mehr fühlte ich mich auch nicht berufen. Trotzdem pingpongte in solchen Situationen in meinem Hinterkopf immer der Vorwurf meiner Mutter hin und her: »Du bist wie dein Vater!«

Menschen ohne Geld leiden häufiger unter psychischen Erkrankungen – nicht weil ihnen die mentale Stärke fehlt, sondern weil sie mehr Stressfaktoren ausgesetzt sind als der große Teil der Bevölkerung. Im Kopf gellen dauerhaft Alarmglocken, die Anspannung wird Teil des Lebens, die Anfälligkeit, krank zu werden, ist konstant hoch. Laut einer Studie des Robert Koch-Instituts hat jeder dritte Mann der untersten sozialen Statusgruppe im Zeitraum von zwölf Monaten eine psychische Störung (32,2 Prozent). Bei Frauen sind es sogar 43,3 Prozent. Zum Vergleich: In der mittleren Statusgruppe ist etwa jeder fünfte Mann betroffen (20,8 Prozent, bei Frauen 33,0 Prozent) und in der höchsten Statusgruppe beinahe jeder sechste (17,7 Prozent, bei Frauen 27,4).[4] Für arme Menschen sind die Zeiträume, die

4 https://psychiatrie-verlag.de/product/lampert-t-schmidtke-c-armut-soziale-ungleichheit-und-psychische-gesundheit-einzelartikel-aus-si-2-2020

einem bleiben, um Probleme zu lösen, ungleich kürzer als für Menschen, in deren Leben weniger Druck herrscht.

Während des Zeitungsvolontariats berichtete ich immer wieder über Gerichtsprozesse, und nicht selten steckte hinter einer Schlagzeile wie »Mann sticht Kontrahent nach Kampf nieder« – ein fiktiver Titel zur Veranschaulichung des Problems – absolutes soziales Elend. In schätzungsweise achtzig Prozent der Fälle, die ich vor Gericht begleitete, hatte ich es mit den Ärmsten der Armen zu tun. Aus diesem Blickwinkel heraus ist der Ausdruck »Klassenjustiz« kein politischer Kampfbegriff, sondern eine nüchterne Beschreibung der Zustände an deutschen Gerichten. Menschen mit einem hohen Akademisierungsgrad, gutem Gehalt, einem sicheren Job und hohem Ansehen urteilen über Menschen, die nicht über dieses Kapital verfügen. Arme Menschen gehen wegen Vermögensdelikten, wegen wiederholten Schwarzfahrens, für geringe drei- oder vierstellige Schuldenbeträge oder wegen Dealen von wenigen Hundert Gramm Gras ins Gefängnis. Erst vor ein paar Tagen versuchten Polizeibeamt:innen, einen Haftbefehl gegen eine Nachbarin in meinem Haus zu vollstrecken, die hundertfünfzig Euro Schulden nicht bezahlt hatte. Menschen, die in einem funktionierenden Sozialgefüge leben oder die selbst Ersparnisse haben, können solche Strafen umgehen – indem sie ihr Geld auf legale Weise verdienen oder indem sie die Geldstrafen selbst bezahlen können. Oder indem sie Anwält:innen beschäftigen, die die Richter:innen so mit Anträgen zuballern, dass die Zeit für die komplette Aufarbeitung der Straftat nicht reicht und die Strafe weniger drastisch ausfällt als üblich.

Irgendwann hatte meine Schwester genug von der Arbeit in der Biosupermarktkette und zog für ein Studium nach Wien.

Später sagte sie mir, dass sie sich für Wien entschieden habe, um dem Dunstkreis unserer Mutter zu entkommen. Ich wollte sie an ihrem Geburtstag besuchen und hatte mir von meinem wenigen Geld schon Monate zuvor ein Zugticket gekauft. Genau zu der Zeit hatte ich für einige Tage Besuch von Leo, einem Bekannten aus meiner Rap-Crew, der sich in seinem Leben verfranzt hatte und zu Hause rausgeflogen war. Ich hatte ihn, barfuß und mit einer Ballonhose bekleidet, zufällig auf der Straße getroffen.

»Kann ich ein oder zwei Nächte bei euch pennen?«, fragte er.

»Ja, äh klar, warum nicht«, antwortete ich, weil ich nicht Nein sagen konnte, obwohl er mir nicht sympathisch war.

Aus ein oder zwei Tagen wurden vier oder fünf. Am Abend vor meiner Abreise nach Wien war ich mit einigen Jungs draußen unterwegs. Als ich gegen elf oder halb zwölf nach Hause kam, saß Leo in der Küche und rauchte eine aus den Bröselresten von Cyrus' oder meinem Tabak gedrehte Kippe. Wir unterhielten uns ein wenig, und ich erwähnte, dass ich am nächsten Tag nach Wien fahren wolle und mir für die Woche nur hundert Euro zur Verfügung stünden. Ihm kam eine Idee.

»Was hältst du davon«, sagte er, »du gibst mir den Hunni, und ich mach noch heute Abend zweihundert draus? Ich kenne einen im Blauen Barhaus, von dem hol ich immer Acid. Ich würde von deinem Geld welches holen, dann streck ich es mit Nasenspray, das merken die ganzen Druffis eh nicht, und wenn ich wiederkomme, hast du dein Geld doppelt wieder zurück. Versprochen!«

Konnte ich ihm vertrauen? Die richtige Antwort ignorierte ich, in mir übernahm der Wunsch, nicht immer auf kleinstem

Fuß leben zu müssen. Leo verschwand mit dem Geld, doch um eins, zur verabredeten Zeit, war er nicht zurück. Es wurde immer später, bald war zwei Uhr durch, dann halb drei, drei, und ich blieb wach, weil ich die Türklingel nicht verpennen wollte. Als es gegen vier endlich klingelte, öffnete ich wütend und froh zugleich die Tür.

»Alter, wo warst du? Du hast gesagt, du kommst um eins wieder!«

»Ja, äh«, man habe ihn verarscht, stammelte er. Statt Acid habe man ihm selbst nur Nasenspray angedreht, die hundert Euro seien futsch. Ich schrie ihn an, doch es half nichts. Das Geld für meinen Wien-Trip hatte sich nicht verdoppelt, sondern in Luft aufgelöst. Leo hatte sich selbst von meinem Geld eingedeckt und log mich an. Er dürfe hier jetzt noch einmal pennen, müsse sich aber noch heute eine neue Bleibe suchen, beendete ich unsere Unterhaltung, die keine war, da nur ich redete. Ich legte mich schlafen und schickte ihn in die Küche. Mittlerweile war es halb fünf. In etwas mehr als zwei Stunden würden meine beiden Wecker klingeln, damit ich meinen Zug nicht verpasste.

Ich wachte auf, draußen war es hell. Beim Blick auf mein Handy traf mich der Schlag. Es war kurz nach zehn. Der Zug war weg, ich hatte es verkackt. Ich flitzte verkatert zum Bahnhof und meldete mich bei meiner Schwester.

»Von dem Geld, das dir Mama für mein Geburtstagsessen mitgegeben hat«, sagte meine Schwester, »holst du dir eine neue Fahrkarte für den nächstmöglichen Zug.« Ein feiner Zug meiner Schwester, tutuutuut. Etwas mehr als eine Stunde später saß ich auf einem freien Platz in einem Sechserabteil, da fiel mir auf, dass ich die Geschenke meiner Mutter für meine Schwester zu Hause vergessen hatte.

Mittwoch, 12. Februar 2020 13.00 Uhr

Auf ausdrücklichen Rat meines Therapeuten bin ich krankgeschrieben. Ich lese einen Text über das Phänomen »Gaslighting« und falle in ein tiefes, dunkles Loch. Ich erfahre, dass Gaslighting gezielte psychische Manipulation bedeutet. Das Opfer eines solchen Vorganges wird angelogen und in die Irre geführt, mit dem Ziel, sein Selbstbewusstsein zu zerstören und es dazu zu bringen, an seiner eigenen Wahrnehmung zu zweifeln.

Nicht immer passiert das in voller Absicht, speziell bei psychischen Krankheiten kommt es offenbar vor, dass Täter:innen sich ihrer Handlung und der daraus resultierenden Schäden nicht vollumfänglich bewusst sind.

So ist es bei meiner Mutter. Wird sie in die Ecke gedrängt, und sei es nur argumentativ, wird sie zum elfjährigen Mädchen, das alles tut, damit ihre Lüge nicht auffliegt.

Im Sommer 2018 hatte ich insgesamt rund fünfzehn Bewerbungen für Volontariate geschrieben, doch statt Einladungen zu Vorstellungsgesprächen bekam ich nur Absagen. Oder noch nicht mal das. Nur eine Zeitung erbarmte sich meiner und ließ mich statt eines Volontariates wenigstens ein Praktikum machen, an dessen Ende ich einen Platz für ein Volo bekam.

Für drei Monate zog ich zu meiner Mutter zurück, da ich mir bei der geringen Praktikumsvergütung (immerhin gab es überhaupt Geld) die Miete für meine Einzimmerwohnung nicht mehr leisten konnte, in der ich mittlerweile wohnte.

Meinen Kolleg:innen traute ich mich allerdings nicht zu sagen, dass ich mit dreißig Jahren wieder bei meiner Mutter wohnte. Die offizielle Version lautete, dass ich zu einem

Nachbarn und Freund meiner Mutter gezogen war. Und damit sind wir schon bei dem Problem: Lügen gehören zu meinem Leben wie Hunger zum Krieg, wie Jan-Philipp Kalla zum FC St. Pauli, wie die Rote Flora zu Hamburg.

»Ich habe mein Arbeitsheft abgegeben, wirklich, es muss bei Ihnen sein«, hatte ich damals meine Klassenlehrerin angelogen, und sie schluckte es. Oder schluckte es nicht, hatte aber keine Argumente gegen meine Lüge. Auch meine Mutter log, lügt und wird es wohl auch in Zukunft tun.

In den letzten Wochen vor dem Ende des Praktikums hatten meine Mutter und ich in unsere alten Muster zurückgefunden. Sie schlüpfte wieder in die Rolle der überwachenden, sich sorgenden Mutter, die sie nie wirklich abgelegt hatte, ich übernahm die Rolle des Sohnes, der sich nicht genug abgrenzte, der unselbstständig wurde. Eine Rolle, die auch ich nie komplett abgelegt hatte.

Nachdem ich von einem Bekannten einen kleinen Brocken Hasch geschenkt bekommen hatte, dachte ich: *Wieso nicht mal wieder einen rauchen, nach all den Jahren?* Anscheinend hatte ich das aber nicht nur gedacht, sondern mich laut gefragt, und zwar im Beisein meiner Mutter, während das Hasch lose in dem Kleingeldfach meines Portemonnaies steckte. Einige Tage später war es weg. Ich wunderte mich und bekam ein komisches Gefühl, da ich mich nicht erinnern konnte, es selbst weggelegt zu haben. Mit klopfendem Herzen fragte ich meine Mutter, ob sie es herausgenommen hätte. Sie spielte die Ahnungslose. Ich hätte es selbst weggeworfen, anders könne sie es sich nicht erklären. Das sei ja wieder typisch, ich würde doch ständig irgendwas verlieren. Wäre mein Kopf nicht angewachsen, hätte ich den auch schon irgendwo vergessen. Erst ließ ich ihre Antwort auf mir sitzen, doch eine Stunde später platzte es aus mir heraus, und ich konfrontierte sie. Nach ein paar wütend vorgetragenen Sätzen brach sie ein. Sie hatte gelogen, hatte mich bewusst auf eine falsche Fährte geführt und versucht, mich zu manipulieren. Wie damals, als ich siebzehn, achtzehn, neunzehn war, während ihrer depressiven Phase, in der ich alle meine Sinne zum Wegargumentieren ihrer Vorwürfe gebraucht und dabei gelernt hatte: Den Gegner schlägst du nur, wenn du kalt bleibst und einen kühlen Kopf bewahrst.

High vom Leben

Die Armut, das ganze Umfeld, in dem ich aufwuchs, bestimmte mein Selbstbild und das, was ich mir zutraute – aber auch: was nicht. Sie wies mir einen Platz zu. Mein Denken, Fühlen und Handeln folgten meinen Nöten und meinem Mangel.

Manchmal brachte mich das in reichlich absurde Situationen. Es war Osterfeuer, und Cyrus und ich liefen im Suff an der Elbe entlang. Wir hatten uns gerade auf einen fünf Kilometer langen Marsch vom Blankeneser Feuer zur Strandperle aufgemacht, einer Bar am Elbufer, wo ein paar Freunde auf uns warteten.

Entweder Cyrus oder ich, darüber sind wir uns bis heute uneins, wobei ich mir sicher bin, dass ich es *nicht* war, knurrte das magische Wort »Hundesohn« – sechs Ausrufezeichen. Das »Hundesohn« galt zwei Typen, die auf ihren Fahrrädern in die Richtung fuhren, aus der wir kamen, dorthin, wo wir mit ein paar Freunden zuvor eine Flasche Wodka Red Bull geleert hatten. Vielleicht hatte einer von ihnen unseren Weg gekreuzt, sodass wir ausweichen mussten. Vielleicht musste es aber auch einfach raus.

Es dauerte nur Sekunden, in denen dieses Wort zwischen ihnen und uns in der Luft schwebte, bis das Angebot angenommen wurde.

»Was habt ihr gerade gesagt?«

»Verpiss dich, hab ich gesagt«, erwiderte Cyrus oder ich. Ein eingespieltes Rededuell, das wir uns mit den Fahrradfahrern lieferten, man musste nicht lange nachdenken, keine Finger nach oben recken, kein Schnips, Herr Lehrer, ich weiß die Antwort, einfach reinrufen, Attacke.

Es wurde heiß – Bremsen wurden gedrückt, Reifen schabten über den Schotterboden, ein Fahrrad kam zum Stehen. Dann das zweite. Wir drehten uns um. O nee, sie kommen. Gar keinen Bock. *Warum musst du nur immer dein Maul so weit aufreißen,* dachten Cyrus und ich über denjenigen von uns, der das Ganze initiiert hatte, wer auch immer es nun gewesen war.

»Was wollt ihr beiden kleinen Wichser, hä? Wollt ihr ein paar aufs Maul?«

Typ eins kam auf mich zu. Er war größer als ich, älter, kräftiger. Gaaaaar keinen Bock!

»Was willst du, fahr einfach weiter, Mann«, kam meine Antwort wie aus der Pistole geschossen. Er sollte nicht gleich wissen, dass ich ganz schön erschrocken darüber war, wie dieses Wort so nahtlos Konsequenzen nach sich zog. Viel zu schnell war er mir zu nahe gekommen. Ich war noch gar nicht bereit, hatte noch keine Spannung in meinem wodkaschwangeren Körper. Seiner Faust war das offenbar egal. In einem Affenzahn kam sie mir entgegen, war es die Schallmauer, die man da brechen hören konnte? Ich wich aus, noch mal gut gegangen. Warum hatte er so viel mehr Energie als ich? Egal, ich schlug zurück. Fuck, daneben. Meine Faust, die kein Ziel gefunden hatte, zog meinen Oberkörper hinter sich her und brachte ihn ins Ungleichgewicht. Suboptimal. Er nutzte die Chance und erwischte mich an der Schläfe, aber da spürte ich schon nichts mehr.

Ich hatte es geschafft, ihn am Kragen zu packen, und mit der rechten Hand erwischte ich sein Kinn, doch mein Arm hatte zu wenig Kraft, es war, als hingen Gewichte an ihm. Im

Hintergrund sah ich Cyrus mit seinem Kontrahenten herumtaumeln. Beide hatten sich gegenseitig an der Jacke gepackt und hämmerten sich mit der jeweils freien Hand die Köpfe ein. Die Hand meines Gegners schoss gegen meinen Kopf und traf meine Brille. Die Welt um mich herum wurde dunkel und verschwommen – nicht weil ich ohnmächtig wurde, sondern weil es eh schon dunkel war und ich ohne Brille nicht gut sehen konnte. Dass ich betrunken war, machte es nicht besser.

Mein System fuhr komplett herunter. Die Boxerei: egal. Die Welt hatte aufgehört, sich um ihre eigene Achse zu drehen, und wartete auf meine nächste Handlung. Denn das, was ich mir da gerade erlaubte, war nicht vorgesehen.

»Stopp«, herrschte ich meinen Kontrahenten an, »meine Brille ist weg, ich muss sie wiederfinden.« Panik in der Stimme, Dringlichkeit in der Handlung. Mit einer solchen Autorität werden Hausdurchsuchungen durchgeführt, Revolutionen eingeleitet, Präsidenten gestürzt. So schnell, wie seine Faust meine Brille erwischt hatte, war ich auf allen vieren angekommen und kroch im Laub vor ihm herum.

Es war meine Mutter, die da aus mir sprach, als ich meinen Gegner anherrschte innezuhalten, damit ich meine Brille suchen konnte. Sie war es, die da auf allen vieren umherkroch, dort, wo es eigentlich gerade Fäuste regnete. Es war ihre Angst, der ich meine Stimme gab. Schon wieder ist die Brille kaputt, das können wir uns doch nicht leisten, heulte sie in meinem Kopf, nur ihre Tränen, die schafften es nicht bis in meine Augen. Auch ihr weinerlicher Ton schaffte es nicht, sich auf meine Stimmbänder zu legen, doch es war ihr Nachdruck, der alles unterbrach. Wenn man fast nichts hat, kämpft man darum, das bisschen, was einem bleibt, zu erhalten. Auf dem Schulhof hatte ich darum gekämpft, keine Löcher in meine Hosen zu bekommen, oft ohne Erfolg. Ich, nein, sie kämpfte durch mich darum, dass sich beim Skateboardfahren meine Schuhe nicht so schnell abwetzten wie die meiner Kumpel. Und gerade jetzt kämpfte eben ihr Wunsch in mir, nicht auch noch ein neues Brillenglas kaufen zu müssen, aber in dem Augenblick wusste ich das noch nicht.

Es war mein Vater, der mich überhaupt erst in solche Situationen brachte. Sein Jähzorn, seine Ungeduld, seine rasende Wut ließen, nachdem sie einmal das Licht der Welt erblickt hatten, alles andere erstarren. Er war es, der in mir sprach, wenn ich Kopfnüsse verteilte, wenn ich mir vor Wut meine Faust an der Wand blutig schlug. Von ihm hatte ich gelernt, so mit Konflikten umzugehen, statt mit Argumenten zu meinem Recht zu kommen. Er hatte es mir vorgelebt, hatte seine unkontrollierte Wut immer wieder an mir, meiner Schwester und vor allem meiner Mutter ausgelassen. Und ich hatte dieses Verhalten aufgesogen, unwissend, wie zerstörerisch es für mich war.

Ich war es. Ich habe mich geschlagen. Nicht mein Vater. Und ich war es auch, der aus Angst um seine Brille in dem Moment die Welt anhielt. Nicht meine Mutter.

Mein Kontrahent lief zu seinem Rad. Im Hintergrund taumelte Cyrus mit seinem Widersacher herum, aber das sah ich nur aus dem Augenwinkel, und wirklich, ich hatte gerade andere Sorgen. Nach gefühlt zwei Sekunden kam mein Gegner mit einem großen schwarzen Gegenstand zurück, der aussah wie ein Holzprügel. War das ein Totschläger, den er da in der Hand hielt? Das Licht einer massiven Stabtaschenlampe ging an. Anstatt mir damit eine zu zimmern, half er nun mit, meine Brille zu suchen. Als ich sie gefunden hatte, stellte sich heraus, dass ein Brillenglas fehlte, das rechte, und auch da half er mir beim Suchen und leuchtete den Boden vor uns ab. Ha, da war es! Ich steckte es in meine Tasche, zusammen mit meinem krummgeboxten Brillengestell. Das Einzige, was ich nun noch im Gesicht trug, war ein blaues Auge, aber das ahnte ich in dem Moment mehr, als dass ich es wusste. Und mein Kontrahent? Ohne jede Abmachung war klar, dass die Luft zwischen uns raus war. Die Schlägerei hatte ein Ende gefunden, mit dem wir beide sehr einverstanden waren. Ich hatte meine Brille wieder, und er musste nicht den Rambo spielen, der er nicht war. Der auch *ich* nicht war. Aber wo waren Cyrus und sein Gegner? Auf dem dunklen Weg fehlte jede Spur. Doch, da, jetzt hörte man sie. Mein neuer Freund und ich gingen dem dumpfen Stöhnen nach, und als wir fündig wurden, bot sich uns ein erbarmungswürdiger Anblick. Die beiden waren über eine etwa kniehohe Mauer in die Tiefe gesegelt und kloppten sich nun im Liegen auf einer schlammigen Wiese weiter. Das ganze Ausmaß der Schlägerei wurde erst sichtbar, nachdem wir sie getrennt hatten. Cyrus hatte es geschafft, ein bisschen mehr Substanz in seine Schläge zu bringen als sein Gegner, dem das Blut aus der Nase und aus einem Cut an der Augenbraue lief. Sah nicht schön aus, sein Gesicht. Auch Cyrus war nicht gerade glimpflich davongekommen, ihn hatte es an der Lippe erwischt, aber ansonsten schien alles in Ordnung zu sein.

Wir saßen auf der Mauer, über die nur wenige Minuten zuvor Cyrus und sein Gegner gestolpert waren, und teilten uns zu viert zwei Flaschen warmes Bier. Mir fiel ein, dass ich noch Gras dabeihatte, jetzt war der richtige Zeitpunkt, einen aufzudrehen. Wir versicherten uns gegenseitig, dass wir so normalerweise nicht seien, so aggressiv. Zittrig vom Adrenalin, breit vom Alkohol und high vom Leben kurbelte ich eine krumme Tüte zusammen und zündete sie an. Wir vier müssen ein komisches Bild abgegeben haben, wie wir da so saßen und lachten und rauchten und tranken und bluteten, als wäre es das Normalste auf der Welt, während im Hintergrund die Elbe leise vor sich hin rauschte.

Mittwoch, 19. Februar 2020 8.06 Uhr

»Jobs gibt es viele, aber wir haben nur eine Gesundheit, deswegen müssen wir auf sie aufpassen«, sagt mein Chefredakteur, als ich ihn mit meinen Plänen konfrontiere und ihm zum ersten Mal erzähle, was los ist. Er ist offen dafür, dass ich mein Volo verkürze. O Mann, tut das gut. Er fragt aber auch, was ich davon halten würde, zu unterbrechen und wiederzukommen, sobald ich mich auskuriert hätte. Ich antworte, dass ich bei meiner Mutter gesehen hätte, was es bedeutet, ein Burn-out in sechs Wochen kurieren zu wollen und dann ein Dreivierteljahr krankgeschrieben zu sein. Ich hätte Angst, dass ich sein Angebot als Aufforderung verstehen würde, so nach dem Motto: schnell, schnell gesund werden, dann weiter. Ein glatter Cut fühle sich besser an, sage ich. Der Chefredakteur nickt. Auch die Gewerkschaft steht hinter mir, aber das ist ja auch ihr Job.

Gestern Mittagessen mit meiner Mutter. Sie findet das alles toll, erzählt mir, wie dämlich die Leute in der Tagesklinik sind, und ich sage ihr, sie solle aufhören. Sie hört auf und erzählt von ihrer Arbeit. Apropos Arbeit: Ich muss nach einer viel zu kurzen Nacht aufstehen und in die Redaktion.

Dienstag, 25. Februar 2020 12.27 Uhr

Seit gestern Abend habe ich auf meinem linken Ohr einen Tinnitus, dazu rauscht es. Heute Vormittag war ich bei der HNO-Ärztin, die nach einem Hörtest gesagt hat, dass ich zwar noch keinen Hörsturz hätte, aber kurz davor sei und der Körper bei Stress eben runterfahren würde. Stress, davon hätte ich genug, erzählte ich, und sie nickte und sah mich ernst an.

Es fühlt sich so seltsam an, der Bedürftige zu sein, der allen seine Geschichte auf die Nase bindet. Denn so fühlt sich das an. Irgendwann in diesem Jahr ist aus meinem Standardglaubenssatz »Ich komm schon klar« ein »Guck mal, mir geht es nicht gut« geworden. Das kenne ich von anderen Menschen, die Schlimmes erlebt haben. Für meinen Therapeuten ist der Fall klar. »Eine posttraumatische Belastungsstörung entsteht, gerade in der Kindheit, wenn man Gewalt mitbekommt«, sagt er. »Ein Kind kann bei häuslicher Gewalt oft nicht unterscheiden, ob es sich nicht tatsächlich in einer lebensbedrohlichen Situation befindet.«

Sonntag, 1. März 2020 23.00 Uhr

Seit Tagen habe ich frei. Lucie sagt, ich komme ihr erholt vor. Bin heute mal wieder schwimmen gewesen. Jubel bei der Nachricht, dass unser ehemaliger stellvertretender Chefredakteur unser neuer Chefredakteur wird. Seine Ernennung bedeutet für das Team unter anderem wieder mehr journalistische Eigenleistung und ein bisschen weniger Abschreiben bei der Konkurrenz. Jubel, Freude, Erleichterung – auch wenn ich fast nur noch am Spielfeldrand stehe und zuschaue. Noch eine Woche habe ich Urlaub. Dieses von meinem Therapeuten dringend empfohlene Innehalten, das Sichbewusstwerden der eigenen Anspannung, das Reflektieren trägt erste Früchte. Wenn ich Zeit habe und nicht arbeite, schaffe ich es, ganz bewusst wahrzunehmen, wie es mir geht und was ich brauche. Auch kann ich dann immer öfter dem Impuls nachgeben, mich um meine Bedürfnisse zu kümmern. Und die Bedürfnisse schreien wie kleine Kinder mit leerem Magen nach mir.

Klassenfeind

Es war schon etwas her, dass eine Freundin mir vorgeschlagen hatte, mich doch bei Schauspielschulen zu bewerben. Auch ich hatte schon öfter daran gedacht, gerade nachdem mir das Theaterspiel in der zwölften Klasse so viel Spaß bereitet hatte, aber wie sollte ich es anstellen? Mein Werdegang war ein einziges Rätselraten für mich. Was könnte aus jemandem werden, der herausgefunden hatte, dass tägliches Grasrauchen ihn und seine Gedanken herunterfuhr? Der müde war vom Leben, obwohl alle um ihn herum sagten, er habe es doch noch vor sich?

Wenn ich gut drauf war und einen Lauf hatte, konnte ich meine Freunde mit meinen Geschichten und Witzen problemlos unterhalten. Aber war das wirklich schauspielerisches Talent?

Ich testete die Idee bei meiner Mutter an. Was sie denn davon halten würde: ich und Schauspieler? Zu meiner größten Überraschung war sie total unvoreingenommen und offen dafür, was ich ihr nie vergessen werde. Vielleicht steckte hinter dem Zuspruch auch der Wunsch, dass wider Erwarten doch noch etwas Außergewöhnliches aus einem Mitglied unserer Familie werden würde.

Mehr als der mütterliche Segen ging nicht. Doch wie weiter verfahren? Als Erstes informierte ich mich über die Möglichkeiten eines Schauspielstudiums. Ich fand heraus, dass man an staatlichen Universitäten Schauspieler:in werden kann, dazu muss man nur die Aufnahmeprüfung bestehen. Also suchte ich nach einem passenden Monolog und fand die Rolle des Kebab aus *Klassenfeind* von Nigel Williams, die ich mir aus dem erstbesten Buch herauspickte, das mir zwischen die Finger kam: *101 moderne Monologe*. Jeder Monolog aus diesem und vergleichbaren Büchern war den Prüfer:innen sicher schon Hunderte Male vorgespielt worden und entsprechend unoriginell, aber so weit dachte ich damals nicht.

In dem Monolog hieß es:

> Ich mein, is doch so: ich häng da am Schlesischen Tor und um mich rum sind überall Türken, Knoblauchfresser in den Hauseinfahrten, Türkenweiber gehn raus und rein in die Waschsalons, Türkenschnauzer wie mein Alter in gebrauchten Fords, diese dicken, hundert Jahre alt. Und vor mir im Schaufenster steht dieses Mädchen aus Pappe, diese blonde Deutsche, und grinst. Ich mein, die is so blond und sauber, da kannste nur das Kotzen kriegen. Also gut, hab ich mir gedacht, leck mich, Süße. Das war nämlich so, dass die was zu mir gesagt hat, verstehste? Ehrlich. Die sagte »Kanake« zu mir. Wie der Junge aus meiner Klasse. Da waren noch so andere Deutsche auf so 'nem Großfoto hinter ihr, die grinsen auch und sagen »Kanake« und alles. »Gehört alles uns. Die Durchlauferhitzer, Elektroherde, Toaster. Wir haben alles, was wir wollen. Also, verpiss dich, kleiner Kümmeltürke.« Also, da hab ich 'nen Stein genommen und geschmissen.[5]

---

5 Williams, Nigel: *Klassenfeind*, in: Eva Spambalg/Uwe Behrend (Hrsg.): *101 moderne Monologe. Zum Vorsprechen, Studieren und Kennenlernen.* Henschel Verlag, Berlin 2015, 193 f.

Das war etwas aus meiner Welt. Nicht so Romeo-und-Julia-Geschwaller, sondern etwas mir sehr Bekanntes. Ich habe nicht die Ausgrenzung erlebt, die den türkischstämmigen Jugendlichen in meiner Straße entgegenschlug, sobald sie versuchten, in dieser Welt Fuß zu fassen, dennoch gibt es zwischen uns ein paar Gemeinsamkeiten: Wir haben andere Erfahrungen gemacht als die sogenannte Mehrheitsgesellschaft. Im Kontakt mit der offiziellen Welt, also mit Behörden, Politik, Kultur etc., empfanden wir oftmals Scham und die aus der Scham resultierende Wut auf alle, die sich nicht zu schämen brauchen. Eine ähnliche Scham wie Kebab verspürte ich, wenn ich Kinder aus meiner Klasse zu Hause in ihren Alstervillen mit ihren Eiswürfelautomaten besuchte. Und migrantische Väter mit Schnauzbärten gab es in meiner Straße und in meinem Haus genug.

Unter diesen Vorzeichen würden die Prüfungen bestimmt zum Selbstläufer werden. Um an möglichst vielen Fronten gleichzeitig zu kämpfen, drehte ich mit ein paar Freunden einen ersten Kurzfilm. *Manuel,* so der Titel, handelte von einem jungen Rapper, mir, der auf der Suche nach seinem Weg durchs Leben stolpert. Seine Freundin trennt sich von ihm, alles geht den Bach runter, bis plötzlich, wie ein glänzender Stern am Firmament, der Plattenvertrag winkt. Wir hielten uns relativ nah an meinem Leben, nur das mit dem Plattenvertrag, das stand noch aus.

Die erste Vorsprechrunde an einer staatlichen Hochschule bremste meine Euphorie ziemlich schnell ab. Ich sprach an der Hochschule für Musik und Theater in Hamburg vor. Bei bestem Wetter stand ich vor dem prunkvollen Bau an der Außenalster. Kaum angekommen, wurde ich mit meinen zahlreichen

Mitbewerber:innen aufgefordert, mich im schuleigenen Garten aufzuwärmen. Ich sah all die vor Aufregung und Vorfreude bibbernden Schauspielanwärterkörper und fühlte eine große Distanz zwischen uns. Trotzdem versuchte ich, mich mitreißen zu lassen, allein, es sollte mir nicht gelingen. Kurz nach dem Vorsprechen kam ein bleicher, etwas älterer Student aus dem Raum, der mir sagte, dass es leider nicht geklappt habe. Ich war ernüchtert, aber aufgeben? Das kam nicht infrage.

An der HMT in Rostock und an der Ernst-Busch in Berlin war die Atmosphäre jeweils nahezu identisch. Ich betrat das Gebäude und begegnete jungen, schönen Menschen mit langen Haaren und wallenden Hosen. Mit meinem kurz rasierten Schädel kam ich mir hier wie Falschgeld vor. Immer jonglierte irgendwo jemand, ein anderer lief auf Händen durchs Foyer, und alle hatten so schrecklich gute Laune. War ich im Kurs für Clownerie gelandet? Hatte ich etwas missverstanden? Ich sah mich in der Tradition eines Milieuschauspielers, der zeigt, wie ernst und hart die Welt ist. *Kurz und schmerzlos, La Haine* oder *Un prophète* sind Filme, die mich prägten, und darunter wollte ich es nicht machen. Der Junge von unten, der seinen Platz in der Welt sucht, auf die Schnauze fällt, aufsteht, es dann aber allen und vor allem sich selbst zeigt. Ich dachte, ich wüsste bereits einiges und wollte die Realität wiedergeben, die ich kannte, die im Fernsehen aber nahezu nicht existent war. Ich wollte Realismus – und was war da passender, als ihn im Schauspiel zu suchen? Ich begriff nicht, dass das Wesen des Schauspiels die Spielfreude ist, und ich begriff erst recht nicht, wie meilenweit entfernt ich von dieser Spielfreude und dem ihr zugrunde liegenden Interesse an der Welt war.

Ankunft in Rostock. Von der Mitfahrgelegenheit wurde ich irgendwo in der Stadt rausgeworfen. Ich war in Feindesland und auf mich allein gestellt. Wer mit den Geschichten von Freunden des Vaters aufgewachsen ist, die davon erzählen, wie man als St.-Pauli-Fan in Rostock mit Bierflaschen und Baseballschlägern von Nazis angegriffen wird, der rechnet nicht mit einem freundlichen Empfang. Ich setzte also zum Schutz einen abweisenden Blick auf, doch die Rostocker und ihre Stadt machten es mir nicht leicht, sie zu hassen. Die Sonne schien, ein laues Lüftchen wehte, und von allen Seiten wurde ich freundlich angemoint. Die kleine Ostseestadt zeigte sich mir von ihrer besten Seite.

Die Hochschule für Musik und Theater in Rostock ist ein ehemaliges Kloster, aus alten Wackersteinen gebaut, und als ich dort ankam, wähnte ich mich sofort in Hogwarts. Rund um den begrünten Innenhof erlaubten einige Fenster einen Blick in den Garten, der die Ruhe einer Oase ausstrahlte. Ich war schockverliebt. Doch abgesehen davon, dass mich dieses Lernumfeld mit all den Kreativität ausstrahlenden Leuten, die wie selbstverständlich durch die Gänge der Hochschule spazierten, einschüchterte, ist mir von dem Vorsprechtermin nicht viel in Erinnerung geblieben. Nur: Wieder reichte es nicht, um weiterzukommen, nicht mal in die zweite Runde.

An der HfS Ernst Busch in Berlin geschah hingegen etwas Unerwartetes. Ich begann meinen Kebab-Monolog aus *Klassenfeind* mit den Worten:

»Kann ich? Kann ich echt?«

Dozent: »Ja klar, nimm dir die Bühne.«

Ich fuhr unbeirrt fort. »Kann ich echt?«

Dozent, jetzt weniger geduldig: »Ja, sagte ich doch gerade, fangen Sie bitte an, wir haben nicht ewig Zeit.«

»Kann ich hier echt über Fenster quatschen?«

Irritierte Stille, anschließend hatte ich endlich die ungeteilte Aufmerksamkeit aller Dozent:innen.

Beim Feedback riet man mir, es im nächsten Jahr noch einmal zu versuchen, es wäre spannend für sie zu sehen, wie ich mich entwickeln würde. Aber sie sagten auch, ich sei »nicht gut genug vorbereitet« gewesen.

Bei keinem Vorsprechen gelang es mir, aus meiner dicken Austernschale auszubrechen, die aus Einschüchterung, der Angst vor dem Scheitern, der Scham, weil ich mich nicht auskannte, und dem Gefühl des Fremdseins bestand. Diese allesamt defensiven Gefühle glich ich mit einer großen Portion Wut und Selbstgerechtigkeit aus, das musste reichen, nur gab es hinter dieser harten Schale für mein tief vergrabenes Talent einfach kein Durchkommen.

Auf den Boden der Tatsachen geholt, besuchte ich schließlich einen sechswöchigen Vorbereitungskurs an einer privaten Hamburger Schauspielschule. Wer den bestand, durfte die Ausbildung beginnen. Meine Mutter verfügte zwar nicht mal über das in Deutschland übliche Durchschnittseinkommen, aber noch nie in ihrem Leben hatte sie regelmäßig so viel Geld gehabt. Sie schenkte mir den Kurs zum Geburtstag, und er kam mir vor wie eine Erfüllung. Am Ende des Kurses teilte man mir mit, dass ich angenommen sei. Ich freute mich wie ein Wahnsinniger. Endlich, endlich konnte ich etwas tun, etwas, wozu ich mich berufen fühlte. Endlich keine Lohnarbeit mehr.

Aus der Freude wurde schnell Ernüchterung. Irgendeiner Regel zufolge war ich nicht berechtigt, Schüler-BAföG zu bekommen, und ohne BAföG ließ sich diese private Ausbildung leider nicht finanzieren, auch von meiner der Armut entkommenen Mutter nicht.

So vergingen noch fast zwei ganze Jahre, gefüllt mit nervtötender Arbeit im Biosupermarkt. Zwei Jahre, in denen ich mich in Watte kiffte, in denen ich innerlich stagnierte, bis ich mich eines Tages erneut erkundigte, ob es nicht doch eine Möglichkeit gebe, die Schauspielausbildung zu beginnen. Und die gab es dann plötzlich doch, was für ein Glück! Aufgrund geänderter Regularien hatte ich nun Anrecht auf BAföG, und somit stand für mich fest: Ich werde Schauspieler! Meine Mutter zahlte einen Großteil des Schulgeldes, im Jahr darauf hatte ich auch meinen Vater so weit, dass er monatlich etwas beisteuerte, und am Wochenende arbeitete ich weiter in dem Supermarkt. Mit dem BAföG, dem Nebenjob und der Unterstützung meiner Eltern ließ sich die Ausbildung irgendwie finanzieren. Meine Familie war aus der gröbsten Armut raus, zumindest auf Zeit, und die Schauspielschule war mein Ticket aus der Welt der prekären Jobs.

Samstag, 7. März 2020 23.50 Uhr

Am Montag habe ich ein Gespräch mit meinem neuen Chefredakteur. Bei der feuchtfröhlichen Begrüßung gestern sagte er, dass er mit mir etwas vorhabe. Ich eigentlich auch mit ihm – nämlich ihm mitzuteilen, was ich dem vorherigen Chefredakteur bereits gesagt habe: dass ich mein Volontariat verkürzen will. Bekomme präventiv Gewissensbisse und beschließe, mir erst mal anzuhören, was er zu sagen hat.

Freitag, 19. März 2020 8.35 Uhr

Gestern Abend um kurz vor acht. Lucie ist bei mir, geht kurz raus (was ich gar nicht mitbekomme), kommt schwer schleppend wieder rein und stellt ein riesiges Carepaket meiner Mutter auf den Boden. Darauf ein Zettel: »Scheißvirus, no pasarán! In Liebe, deine Mutter.«

Seit knapp zwei Wochen habe ich nichts mehr geschrieben, und die Welt ist nicht mehr dieselbe. Ein Seminar, das ich in Berlin besuchen wollte, ist abgesagt. Therapie ebenfalls. Das Coronavirus grassiert, und mit ihm die Angst vor einer Ansteckung. Vier Tage in Folge hatte ich rasende Kopfschmerzen, heute Morgen erstmals nicht. Der fette Asthmaanfall vom gestrigen Abend erinnert mich daran, dass ich vielleicht doch zur Risikogruppe gehöre. Lucie und ich haben uns in meiner dreißig Quadratmeter großen Wohnung verschanzt. Ich komme mir langsam blöd vor, hier reinzuschreiben, dass meine Ohren sausen vom Lärm, welche kleinen Erfolge ich in meiner Therapie verzeichne, wann ich meinen Kopf gegen die Wand haue (vorgestern) und warum (aus Ohnmacht), weil es sich angesichts des ganzen Leides auf der Welt so fucking nichtig anfühlt. Trotzdem ermahne ich mich weiterzuschreiben. Das Projekt ist wichtig und gut.

Dienstag, 24. März 2020 9.00 Uhr

Hausschuhe, Jogginghose, Wärmekissen im Nacken, im Hintergrund läuft *Redemption Song* von Bob Marley. Ich befinde mich im Wartezimmer meines Therapeuten. Außer mir ist keiner da. »Bitte haben Sie etwas Geduld, Sie werden aufgerufen« steht auf meinem MacBook Air. Das Wartezimmer ist digital, und gleich habe ich meine erste Stunde Videotherapie von zu Hause. Corona, der alte Stinker, zwingt uns, unser Leben umzustrukturieren. Mir verschafft das unverhofft mehr Zeit zu Hause. Homeoffice ist König. Na ja, ein bisschen vielleicht. So langsam gewöhnt man sich an die Isolation, ans viele Zu-Hause-Rumgammeln. Das Gesundheitsamt meldet heute über tausend Infizierte an einem Tag in Hamburg. Oh, jetzt ist mein Therapeut im Gespräch, so steht es zumindest auf der Seite des digitalen Warteraums. Ich werde eifersüchtig. Mit wem???? Sag es mir!!!!

Bretter, die die Welt bedeuten

Ein paar Monate nach Beginn meiner Schauspielausbildung zog ich übergangsweise wieder zu meiner Mutter. Nach einem heftigen Streit mit meinem damaligen Mitbewohner – nicht mit Cyrus, wir waren nach sieben Monaten von unserer verrückten Vermieterin wieder vor die Tür gesetzt worden –, der mit einem unsanften Schubser gegen mich endete, kündigte er meinen Untermietvertrag und ich stand ziemlich zimmerlos da. Ich überlegte nicht: Wie will ich leben, mit wem könnte es ein schönes Zusammenwohnen werden? Die Kriterien waren einfacherer Natur. Wo ist ein Zimmer frei und kann ich es mir leisten? Das ewige Durchhaltenmüssen machte den perspektivischen Blick über den eigenen Tellerrand schwierig. Ich begriff nicht, dass ich, wenn ich meine Kriterien nicht änderte, immer wieder in ähnlichen Situationen landen würde, doch selbst wenn ich es begriffen hätte, ich hatte nicht die Wahl, mich anders zu verhalten, denn das Geld reichte nur für das Nötigste. Dass ich bei meiner Zimmersuche nicht fündig wurde, nagte an mir, doch noch mehr machte es mir zu schaffen, dass ich mit Sack und Pack zu meiner Mutter zurückziehen musste. Wie war das noch mal? Zwei Schritte vor, drei zurück. Außerdem konnte ich, wenn ich bei ihr wohnte, mein kleines *Bisnes* nicht mehr weiterführen, das war klar.

Es war nicht nur die Ausbildung, die die Art, wie ich lebte, infrage stellte. Ich war an einem Punkt angekommen, an dem alles nach Veränderung schrie. Für die Schauspielschule hatte ich mit dem täglichen Kiffen aufgehört. Ich verstand, dass diese Ausbildung eine – wenn nicht sogar *die* – Chance war, derjenige zu werden, der wirklich in mir steckte. Nicht die Version, die ich täglich abzurufen in der Lage war, sondern ein Junge, der mehr war als die Summe seiner Probleme. Während ich die ersten Wochen an der neuen Schule, alle Sinne vollgebombt, an meiner eigenen Betaversion arbeitete, versuchte ich, bei meinen Freund:innen und in meinem Viertel der Alte zu bleiben. Ich wurde zu einem Chamäleon, das nach Belieben seine Farbe wechselte, um in beiden Leben bestehen zu können. In meinem neuen Leben, wo statt hochgezogener Straßenschultern plötzlich Ballettunterricht und statt Slang ein schneller Zungenschlag gefragt war, und in meinem alten Leben, wo zählte, welcher Ticker welchen Kurs gab oder wer gerade von den Bullen hochgenommen worden war.

Die ersten Wochen an der Schauspielschule waren hart. Ich kam im Körper eines jungen Erwachsenen an, doch die Art und Weise, wie ich aufgewachsen war, hatte Körper und Geist versteifen lassen. Das bekam ich jetzt zu spüren. Auf dem Lehrplan stand Tanz, Improvisation, Körpertraining, Sprechtraining, Gesang und Grundlagen des Schauspiels. Mein neues Leben war ein riesiges Abenteuer. Estéban, unser Ballettlehrer im ersten Jahr, war andauernd gut gelaunt und ein begnadeter Tänzer. Wenn er uns ein Grand Jeté oder ein Petit Plié zeigte, war das nicht nur eine ästhetische Offenbarung, ich verstand es auch als Demonstration, dass mir, der ich mit einem schlechteren Körpergefühl ausgestattet war, ein solches Verhältnis zur Eleganz zeit meines Lebens verwehrt bleiben würde. Dennoch bekam ich durch die Grundschritte im Ballett ein Gespür für meinen Körper und meine Haltung, und das, begriff ich, war von elementarer Bedeutung im Schauspiel. Nicht umsonst hatte Vincent Cassel, mein Vorbild seit *La Haine,* jahrelang Ballett getanzt.

Neben dem Unterrichtsstoff waren es aber vor allem die Lehrer:innen, die die Schule einzigartig machten. Da gab es die ehemalige Opernsängerin Riike, die mit ihren Methoden die Gemüter vieler Schüler:innen erhitzte. Sie wollte Ernsthaftigkeit und Professionalität sehen, und die forderte sie rigoros ein. Vor und während ihres Unterrichtes herrschte oft eine gespenstische Stimmung im Klassenraum. Riike ging es um den klaren Gedanken, ums sogenannte *Öffnen,* das in meinem Kopf, je verzweifelter ich es versuchte, mehr und mehr in weite Ferne rückte. Die *Öffnung* entsteht laut Riike durch die richtige Haltung des Kopfes und erlaubt dem Sänger, eine unmittelbare Aussage zu treffen. Wenn sie jemanden dabei ertappte, wie er oder sie vollständig ungeöffnet dasaß, unterbrach sie augenblicklich die Übung und wies denjenigen mal mehr, mal weniger unfreundlich zurecht. Meist sangen wir einfache Kinderlieder oder Kanons, wie zum Beispiel die französische Version von »Der Hahn ist Tod« – »Le Coq est mort«. Weil sie mir Angst machte, aber auch weil ich meinte, in dem, was sie sagte, die Wahrheit zu entdecken, gab ich mir besonders viel Mühe. Ich begann zu singen: »Le Coq est morle Coq«; doch weiter kam ich nicht. Mit einer energischen Handbewegung, die jeden gesungenen Ton zu Eiszapfen gefrieren ließ, stoppte Riike die Klasse. Sie hielt inne, alle Augen waren nun gebannt auf sie gerichtet. Mit einer gefährlichen Ruhe in ihrer Bewegung drehte sie sich zu mir um. Aus ihren Augen schossen Feuerblitze. »Olivier«, rief sie, und ihre Stimme zerschnitt die Luft. »Ausgerechnet *du* müsstest das doch wissen. Es heißt nicht *morle,* es sind zwei Wörter: *mort,* dann kommt eine Pause, neue Zeile und dann erst kommt *le.*«

»Ja«, sagte ich beschämt.

»Warum singst du es dann nicht so?«

Ihre Stimme zischte, und ihre Augen funkelten mich an. Allerdings hatte sich etwas in ihrem Blick verändert. Riike funkelte nicht länger böse, sondern freundlich. Wenn sie aus ihrer Haut fuhr, dann, so hatte ich auch dieses Mal den Eindruck, niemals, um jemanden persönlich zu beleidigen, vielmehr vermittelte sie einem den unverrückbaren Glauben, dass es besser ging. Anschließend sagte sie »Arschloch« zu mir, aber ich begriff, dass sie nicht mich damit meinte, sondern meine gedankenlose Laissez-faire-Haltung, mit der ich das Lied intonierte. Alle Welt schaute mich erstaunt an und wartete auf meine Reaktion, aber ich blieb ruhig, weil ich es nicht als Angriff auf mich persönlich verstand.

Bei Anatolij hatten wir das Fach »Grundlagen des Schauspiels«. Anatolij kam aus der ehemaligen Sowjetunion, was er nicht verheimlichen konnte, war Mitte sechzig und konnte vermutlich mehr Liegestütze machen als alle Jungs aus meiner Klasse zusammen. Aber, und das war viel wichtiger: Anatolij hatte die Weisheit mit Löffeln gefressen. Seine Stunden, in denen sich eigentlich alles um Theater drehte, wurden zu Lehrstunden über das Leben. Mit der Melancholie einer ganzen Nation in der Stimme sagte er Sätze wie: »Die Seele eines Landes erkennt man an seinen Friedhöfen«, um uns dann zu erklären, was der Unterschied zwischen deutschen und italienischen Friedhöfen sei. Er sagte: »Bücher waren meine Rettung«, und man verstand, dass er, wenn er die Bücherverbrennung der Nazis mit eigenen Augen hätte mitansehen müssen, der Erste gewesen wäre, der sich freiwillig in die Flammen gestürzt hätte. Zu seinen Büchern.

Nach der Hälfte des ersten Schuljahres zog ich mit einem Mitschüler aus meiner Klasse zusammen. Das erste Mal in meinem Leben wohnte ich nicht mehr in meinem Viertel. Unsere Zweizimmerwohnung lag im zweiten Stock eines Altbaus im wohlhabenden Hamburger Stadtteil Winterhude. Mit der räumlichen Distanz wurde mir immer bewusster, wie der Spagat zwischen den beiden Welten, in denen ich lebte, an mir zerrte. Bald erschienen mir all die Geschichten darüber, wer das beste Gras verkaufte oder wer am Wochenende auf die Fresse bekommen hatte, banal. Unter der Woche erkundete ich meine inneren Qualitäten, und am Wochenende ging ich zu Fußballspielen, soff mir einen rein und baute Scheiße. Ich war wie ein Puzzle, zusammengesetzt aus vielen Teilen völlig verschiedener Puzzles, die krampfhaft zu einem schiefen Bild zusammengefügt wurden. Doch nur weil der Geist verstand, dass etwas in mir noch immer im Ungleichgewicht war, bedeutete das noch nicht, dass ich jetzt in der Lage war, Konsequenzen aus diesem Umstand zu ziehen.

Freitag, 27. März 2020 22.18 Uhr

Der neue Eigentümer unserer Zeitung schickt eine Mail und bietet großen Teilen des Teams coronabedingte Kurzarbeit an. Antwort bitte bis morgen Abend achtzehn Uhr. *What?* Okay, Siri, was ist Kurzarbeit? Ich finde heraus, dass sie wie für mich gemacht ist und antworte mit Ja. Ist das die Lösung meiner Probleme? Fünfzig Prozent Arbeit bei neunzig Prozent Lohn? Ist das verdammte Virus am Ende doch noch zu etwas gut? Die Antwort auf alle drei Fragen: ja! Drei Monate Kurzarbeit heißt drei Monate Entschleunigung, drei Monate mehr Zeit für meine entscheidende Alltagsschlacht gegen meine Probleme.

Morgen habe ich einen Videodreh. Ich habe Angst, mich anzustecken, aber es gibt Themen, da muss man raus, oder? Danach freiwillige Selbstquarantäne für sechs Tage, um Lucie nicht anzustecken. So lang dauert die Inkubationszeit. Unruhige Zeiten treffen auf unruhigen Menschen.

Mittwoch, 1. April 2020 0.07 Uhr

In den letzten drei Therapiestunden haben wir gesammelt, mein Therapeut und ich. Haben Begriffe aufgeschrieben, Symptome zusammengetragen. Prädisponierende Faktoren, unterstützende Faktoren. Alles, nur damit er mir heute mitteilt, dass ich doch eine Depression habe. Eine sogenannte »agitierte Depression«. Eine, die so tut, als wäre sie keine. Die gute Nachricht zuerst: Ein Teil der Symptome hat sich erst im vergangenen Sommer gezeigt und kam Hand in Hand mit der Erlaubnis an meine Psyche zum Vorschein, dass sie jetzt mal darf. Die schlechte Nachricht: Ein anderer Teil der Symptome scheint untrennbar mit mir verwoben zu sein. Ich kann mich nicht erinnern, wann ich mal eine Phase hatte, in der ich jemals top konzentriert war oder mich über einen langen Zeitraum nicht hoffnungslos fühlte. Die agitierte Depression zeigt sich nicht durch tagelange Downs, nicht durch Antriebslosigkeit. Dafür durch Rastlosigkeit, innere Unruhe und Schlaflosigkeit. Apropos: Diese Nacht ist die zweite in Folge, in der ich Schwierigkeiten habe einzuschlafen. Mein Nachbar von oben, der mir das letzte Mal, als ich ihn bat, die Musik leiser zu drehen, mit einer Schnapsflasche in der Hand öffnete, feuert wieder aus allen Rohren. Und bei mir sammeln sich die Diagnosen. PTBS, Depression. Der ADHS-Test, dessen positive Diagnose unweigerlich kommt, wurde wegen Krankheit der Ärztin auf Mai verschoben. Ich bin mehr als meine Diagnosen, schon klar, aber wenn die Art, wie ich aufgewachsen bin, mich zu dem gemacht hat, der ich heute bin, dann ist ein großer Teil meiner Identität mit meinen psychischen Ecken und Kanten verwoben.

Die Antwort des neuen Eigentümers unserer Zeitung auf meine Mail zur Kurzarbeit: Gilt nicht für Volontär:innen. Pech gehabt. Der erste April kann jetzt gern kommen und sagen, das sei alles nur ein Scherz. Ich lache auch. Versprochen.

Bretter, die kein Geld bedeuten

Im September 2014 hatte ich meinen Abschluss in der Tasche, endlich war ich Schauspieler! So schwer mir das Durchhalten am Ende der Ausbildung gefallen war, so stolz war ich, dass ich sie nicht vorzeitig abgebrochen hatte. Direkt am Tag nach der Abschlussfeier spielte ich mit meinem Ensemble ein paar Abende in Folge unsere Inszenierung der Komödie *Die spanische Fliege* in einem Hamburger Offtheater. Es war wie zur Selbstvergewisserung: Der Übergang von der Schule ins Berufsleben schien geglückt.

Danach fuhr ich mit meiner damaligen Freundin für eine Woche nach Sardinien. Nach den Strapazen der Abschlussprüfungen hatte ich mir ein bisschen Ruhe redlich verdient. Neben der Entspannung gab mir der Urlaub einen Vorgeschmack auf das, was mich in meinem Berufsleben erwarten würde. Ein paar Tage zuvor hatte ich für eine Rolle im Weihnachtsmärchen der Hamburger Kammerspiele vorgesprochen, auf Sardinien wartete ich nun auf die Zusage – sich nach der Ausbildung, den vier Tagen auf der Bühne und dem anschließenden Urlaub direkt wieder in die Arbeit zu stürzen, das wäre es doch. Täglich checkte ich mehrfach meine Mails. Erst in Deutschland erhielt ich den Anruf: Man müsse mir leider absagen, sagte die Assistentin am Telefon. »Es liegt natürlich nicht an dir, die Rolle deiner Spielpartnerin ist nur schon besetzt, und sie ist einfach viel kleiner als du, und ihr spielt ja Kinder, und deswegen haut das nicht hin, das tut mir leid.« Sie hatten sich für einen Kommilitonen aus meiner Schauspielschule entschieden, der nicht nur richtig gut war, sondern auch über die richtigen Maße verfügte.

Willkommen in meinem neuen Alltag. Nur zehn Tage nach meinem Abschluss hatte ich meinen ersten eigenen Termin beim Jobcenter. Wie die Mutter, so der Sohn. Vom Kind aus einem Arbeitslosenhaushalt hatte ich es erst in die Welt der prekär bezahlten Jobs geschafft, um dann nach drei Jahren Ausbildung mit offenen Armen im Kulturprekariat aufgenommen zu werden. Auch wenn ich immer gewusst hatte, dass es schwierig werden würde, als freischaffender Schauspieler von meiner Arbeit zu leben, die Realität war noch um einiges ungnädiger als die Fantasie. Nach dem obligatorischen Nummernziehen und mehr als zwei Stunden Wartezeit wurde ich von einem Mann Mitte vierzig empfangen, der sich als Krankheitsvertretung meines eigentlichen Sachbearbeiters auswies. Ich hatte gerade begonnen, ihm von meiner frisch abgeschlossenen Ausbildung zu erzählen, da unterbrach er mich schon.

»Sagen Sie, Herr David, Sie hatten sich doch im Vorfeld sicherlich erkundigt und wussten von den Perspektiven in Ihrer Branche. Was genau hat Sie denn eigentlich dazu bewogen, es trotzdem zu versuchen?« Sein Blick war fragend und provozierend zugleich.

Ich verließ das Jobcenter mit dem Gefühl, dass ich mich schnellstmöglich aus diesem System verabschieden sollte. So wollte ich kein weiteres Mal behandelt werden. Aus den Brettern, die die Welt bedeuten, wurden die Bretter, die kein Geld bedeuten.

Im folgenden Jahr begann ich, in einer Bäckerei zu arbeiten, um nicht auf die Leistungen vom Jobcenter angewiesen zu sein. Dreißig Stunden die Woche backte und verkaufte ich Brötchen, statt mich mit dem zu beschäftigen, wofür ich ausgebildet worden war. Nach fast einem Jahr in der Bäckerei hatte ich, außer ein paar kleineren Sprecherjobs und einem Kinderschauspielkurs, immer noch nicht viel vorzuweisen. Eines Tages stolperte ich über die Stellenausschreibung einer Theaterfirma, die Präventionstheaterstücke für Kinder spielte. Empowerment und Kindertheater, das klang nach einer guten Mischung aus Brotjob und meinem eigentlichen Beruf. Ich bewarb mich, und ein paar Wochen später stand ich das erste Mal kostümiert in einem Klassenraum. Im Durchschnitt fuhr ich mit meiner jeweiligen Mitspielerin dreimal die Woche in norddeutsche Schulen und brachte Kindern bei, zu sich selbst zu stehen. Der Stundenlohn war nicht schlecht, dafür gab es in den Ferien nichts zu tun. Aufs Jahr gerechnet waren das vier Monate, in denen mir jegliche Einnahmen fehlten. Also blieb mir wieder nichts anders übrig, als zu jobben.

Über einen Nachbarn der Eltern meiner damaligen Freundin bekam ich das Angebot, für zehn Euro die Stunde in seiner Malerfirma auszuhelfen. Der Nachbar hieß Eberhard, hatte einen mittelständischen Malerbetrieb geerbt und gerade einen Großauftrag an Land gezogen.

Ein paar Tage, nachdem ich zugesagt hatte, fand ich mich in Sicherheitsschuhen, Malerhose, Jacke und orangefarbener Warnweste um sechs Uhr morgens an einem Hamburger Bahnhof wieder. Die Mission des Teams war, die unterdachte Außenfläche des Bahnhofs zu streichen. Nun sollte ich aber zunächst nicht malen, sondern den Malern und Lackierern »zur Hand gehen«.

Der Ton war rau, die Aufgabe einfach. »Trag diese Absperrungen da rüber.« Kein Bitte, kein Danke. *Is ja klar, wir sind auf der Baustelle,* dachte ich und schluckte den ersten Gram einfach runter. Nachdem alles aufgebaut war, gingen die Trupps von jeweils zwei Malern mit ihren Hebebühnen, Leitern und Farben zu den inselartig angeordneten Baustellenabschnitten. Ich wurde instruiert, mich neben den Teams zu postieren und Drogensüchtige davon abzuhalten, über die Absperrungen zu klettern. Geil. Ich stand rum, und die Zeit wollte einfach nicht verstreichen. Gott sei Dank guckten einen neunundneunzig Prozent der Passanten nicht an. Hinter der Absperrung hörte ihre Welt auf – Deutschland, das Land der Regeln und Baustellenabsperrungen. Ich fühlte mich ziemlich unnütz und war froh, wenn einer der Arbeiter mich in barschem Ton anwies, neue Farbe zu holen oder die Absperrung zu erweitern.

Elf Uhr, die Mittagspause war erreicht. Schichtweise gingen wir ins angemietete Kabuff, dorthin, wo es nach Farbe, Lösungsmitteln und Kippen roch. Ein paar Sätze wurden gewechselt, ansonsten schwiegen wir uns an und kauten ebenso laut- wie lustlos auf zu Hause zubereiteten Pausenbroten herum. Nach der Stulle wurde *BILD* gelesen, dabei pustete man mir den Zigarettendunst in mein Gesicht. *Vermutlich als Bestrafung dafür, dass ich mit dem Rauchen aufgehört habe,* dachte ich mir. Es war, als sollten sich bei diesem Job alle Arbeiterklischees bestätigen.

Kaum war die Mittagspause um, rauchten die Männer vor der Tür noch eine letzte Kippe. Ich stand daneben, hielt meine Klappe und rauchte passiv mit. Einer der Jüngeren, der zuvor noch nicht mit mir gesprochen hatte, bemerkte meine

Totenkopfmütze und stellte fest: »Bist 'ne Zecke, nä?« Er grinste. Ich nickte und schwieg. Er nahm einen seiner Kopfhörer aus dem Ohr, deutete darauf, sagte »Landser!« und lachte. Landser, eine verbotene Rechtsrockband mit stramm rassistischer Gesinnung. Ich lachte nicht, blieb ihm eine Antwort schuldig und ging weg.

Von Kollegialität war unter den Malern nicht viel zu spüren. War ich mit zwei oder drei von ihnen allein unterwegs, zogen sie über den technischen Leiter her, der auch wirklich ein Arschloch war. War der technische Leiter da, lagen die Chancen gut, dass er die versammelte Mannschaft zwanzig Minuten am Stück zusammenschiss. Oder er gab einem einen Kaffee aus. Oder erst Kaffee, dann Anschiss. War einer der Kollegen kurz weg, wurde oft, kaum war er außer Sichtweite, über ihn gelästert. War ich weg, da machte ich mir nichts vor, ging es gegen den komischen Sonderling, als den sie mich sehen mussten. Der eine sei zu lahm, der andere male schlecht, und man müsse ihm ständig hinterhermalen, und so weiter. Es wurde über »die da oben« geredet und die »Asozialen«, die am Hauptbahnhof rumhingen. Dass einige der Maler nach Feierabend selbst oft noch das eine oder andere Bier am Bahnhof tranken, war in ihren Augen etwas anderes, man hatte es sich ja erarbeitet.

Die Nerven der meisten Männer waren zum Zerreißen gespannt. Ihre Kiefer mahlten, ihre Schultern waren infolge der harten Arbeit und der Welt draußen weit hochgezogen, die Rücken gekrümmt und verhärmt. Viele hatten Knieschmerzen. Einige von ihnen hatten versteifte Handgelenke, die Sehnen waren entzündet oder gereizt. Wieder andere hatten

Bandscheibenprobleme. Wie eine Decke lag die schlechte Laune vieler Maler über jeder Schicht. Gründe dafür gab es viele. Die meisten von ihnen verdienten zu wenig Geld und schleppten zu viele Überstunden auf ihren krumm gearbeiteten Rücken mit sich herum.

Eines Tages bekam ich ein denkwürdiges Upgrade. Der technische Leiter kam zu mir und sagte, dass ich fortan ebenfalls malen solle. Begründung: »Dann redest du nicht immer mit dem ganzen K*******pack!«

Wir schrieben das Jahr 2016, und wenn ich nichts zu tun hatte, außer Menschen davon abzuhalten, irgendetwas zu klauen, was niemand klauen wollte, hatte ich hin und wieder ein paar orientierungslosen Geflüchteten am Handy den Weg zu einer Beratungsstelle in der Nähe des Bahnhofs gezeigt. Der technische Leiter hatte das wohl gesehen. Mein Entsetzen, meine Wut über diesen unverschämten Satz weigerten sich, den Weg aus meinem Gaumen anzutreten. Ich war sprachlos und einfach baff über seinen so direkt und unverblümt ausgesprochenen Rassismus, dass ich die Chance verpasste, ihm zu widersprechen. Mein erster Impuls nach diesem Vorfall war zu kündigen, das Problem war nur, dass ich auf das Geld angewiesen war. Ich entschied mich für die räudigste aller Varianten: Still und heimlich hasste ich den Chef, meinen Unmut aber hielt ich zurück.

Nach zwei Monaten, in denen ich neben dem Kindertheater an drei Tagen die Woche Zwölfstundenschichten runterriss, ging es für das Team und mich in die Nachtschicht. Sie begann um zehn Uhr abends und endete um fünf Uhr morgens. Der Vorteil war, dass es nachts viel ruhiger war als am Tag. Der

Nachteil lag auf der Hand: Nachtarbeit macht krank und einsam. Man lebt in einer Parallelwelt. Während der Nachtschicht malte ich nun die komplette Zeit mit. War ich nicht derjenige in meinem Freundeskreis, bei dem dankend abgelehnt wurde, wenn ich meine Hilfe beim Streichen anbot? Die Arbeit war so anstrengend, wie ich es zuvor noch nicht erlebt hatte. Zum Schichtbeginn bauten wir erst die Gerüste hoch, dann malten wir im Liegen oder auf den Knien. Das mitgebrachte Licht reichte nicht bis in die schwer zugänglichen Ecken der Vordächer des Bahnhofs. Und eigentlich sollte vorher alles mit einem Hochdruckstrahler gesäubert worden sein, was aber oftmals nicht der Fall war. Vor dem Malen mussten wir oft erst mit einem Stock die Taubenscheiße und den undefinierbaren Dreck aus den Ecken kratzen, wobei die Schwierigkeit war, sich den Kot und den Staub nicht ins Gesicht oder auf den Kopf zu befördern. Für mein Asthma und meine Stauballergie war dieser Teil der Tätigkeit regelrecht Gift. War die Drecksarbeit geschafft, musste ich mit dem Pinsel in alle noch so verwinkelten Ecken der Stahlstreben kommen. Dabei achtete ich penibel darauf, mit dem Pinsel nicht das Glas zu berühren, denn sonst gab es bei der Kontrolle am nächsten Tag einen Anschiss vom technischen Leiter.

Der Kollege, mit dem ich die meiste Zeit zusammenarbeitete, hieß Sven und war nachts meistens auf Speed. Zwei- bis dreimal pro Schicht ging er aufs Klo, um sich die »Nase zu pudern«.

Natürlich gab es auch Ausnahmen unter den Kollegen. Eine Ausnahme war Boris, der für Frau und Kinder von Berlin nach Hamburg gezogen war und aussah wie ein Prinz Eisenherz der Arbeiterklasse. Er hatte blonde Locken, war gebaut wie ein

Wikinger, und seine Malerklamotten waren die runtergerocktesten im ganzen Team. Boris kam regelmäßig zu spät oder auf den letzten Drücker. Nicht nur deswegen zogen seine Kollegen viel über ihn her. In ihrer Welt war er anders, und sein Anderssein bedrohte ihre gewohnten Rollenbilder. Während der Nachtschichten lag ich ein paar Nächte in Folge mit ihm auf dem mit Planen verhangenen Dach des Blumenladens vor dem Bahnhof, um die Streben und Pfeiler darüber zu streichen. Die meiste Zeit schwiegen wir, und er reagierte mürrisch, sobald ich ihn ansprach.

Das änderte sich eines Nachts. Wir lagen nur wenige Meter voneinander entfernt auf dem Rücken. Ich stöhnte mal wieder, weil ich eine neue Muskelgruppe entdeckt hatte, die in meinem Rücken zu schmerzen begann. Mitten in die nur von meinem gelegentlichen Keuchen unterbrochene Stille platzte es aus Boris plötzlich heraus. Er erzählte mir, er liebe Pyramiden. Also nicht im objektophilen Sinn, Boris liebte es, sich mit ihnen zu beschäftigen. Ohne abzuwarten, wie ich diese Information aufnahm, fuhr er fort. Boris vertrat die Theorie, dass Pyramiden gar keine Grabkammern der Pharaonen wären, sondern die Funktion eines Wasserturms innehätten. Das Wasser wurde damals seiner Meinung nach über ein geschicktes Druck-Unterdruck-Verhältnis nach oben gepumpt und dann wieder über Schläuche und kleine Kanäle übers Land verteilt. Sein Traum sei es, eröffnete er mir, selbst einmal eine kleine Pyramide zu bauen, um diese Theorie zu beweisen. »Also keine ganz kleine, sie muss schon ein paar Meter Höhe haben, sonst ist es ja witzlos.« Sein Monolog über Bau und Architektur von Pyramiden erstreckte sich fast über die gesamte Schicht. Auch wenn ich zwischendurch Mühe hatte, ihm zu folgen, merkte ich, dass es egal war, denn er hätte diesen Monolog auch dem Hamburger Nachthimmel erzählt. Ich hing schon aus dem Grund an seinen Lippen, weil es das erste und einzige Mal in all den Monaten war, in dem einer der Arbeitskollegen um mich herum eine Begeisterung für etwas zeigte, das nichts mit Drogen, Nazimucke oder dem Sexualisieren von Frauen zu tun hatte. Dass diese Begeisterung Pyramiden galt, war für mich fast sekundär. Ich betrachtete diesen aus der Zeit gefallenen Mann, wie er mich in seinen Plan einweihte und seinen Traum in allen Einzelheiten vor mir ausbreitete. Ich stellte mir vor, ihn eines Tages im Fernsehen vor seiner Pyramide zu sehen, nachdem er seinen Traum in die Tat umgesetzt hatte. »Boris Stefanowitsch, neununddreißig, Hobbypyramidenbauer aus Hamburg, hat eine bahnbrechende Entdeckung gemacht.« So in der Art.

Samstag, 4. April 2020 21.34 Uhr

Wenn ich Bahn fahre, sitzen alle Lagerarbeiter, mit denen zusammen ich Vierzigtonner beladen habe, im selben Abteil. Wenn ich ins Museum gehe, betrachte ich die Werke aus den Augen der Maler und Lackierer, mit denen ich den Bahnhof gestrichen habe. Bin ich im Theater, sehen mit mir alle depressiven, alle grasrauchenden Freund:innen dasselbe Stück. Ich sehe die Welt mit ihren Augen, und stellvertretend für sie fühle ich mich überall fremd. Inzwischen sogar auch in meinem eigenen Herkunftsmilieu. Ich bin gefangen zwischen der Welt, aus der ich komme, und der Welt, in die ich strebe. Kein Vor, kein Zurück. Das, was ich fühle, haben vor mir schon andere gefühlt, das weiß ich. Doch waren sie auch so schwach wie ich? Oder konnten sie sich emanzipieren? Wie viele haben studiert, die Sprache, die Mimik, die Rituale, am Ende sogar die soziale Klasse gewechselt? Ich bin sitzen geblieben im Fahrstuhl der Klassen, in dem es für mich kein Oben, nur verschiedene Untergeschosse gibt.

Eines meiner ersten Dates mit Lucie war ein Konzert von Jan Böhmermann und seiner Band in der Hamburger Sporthalle. Karten gab es über meine Zeitung, dafür musste ich sechzig Zeilen schreiben. Selten habe ich mich so unwohl, so dreckig, so wenig zugehörig gefühlt wie dort zwischen all den gebildeten, modische Bomberjacken tragenden Sparkassenangestellten. Zwischen Bausparverträgen in Kakihosen und sich hip gerierenden FDP-Wähler:innen. Nur die drei augenscheinlichen Paketboten vor uns, die das Konzert mit großen Augen verfolgten, beim »Versandsoldaten«-Song aber völlig ekstatisch mitsangen, die waren ähnlich fremd. Das ist nicht deine Welt, Böhmermann spielt nicht für dich, schrie mich jeder schrille Gag an. Er spielt für die anderen, zu denen du nicht gehörst. Statt Liedern und Witzen vernahm ich überall Codes, die mir klarmachten, dass ich nicht gemeint war. Auch der Feminismus von Giulia Becker, die im Programm auftrat, kommt bei den Frauen aus meinem Haus nicht an. In dem Haus, in dem ich aufgewachsen bin, flüchten Frauen ins Frauenhaus oder in die nächste gewalttätige Beziehung. Da fragt meine Mutter, ob sie die Polizei rufen soll, und die Frauen antworten: »Spinnst du?« In meinem Haus warten schwarze BMWs abends darauf, dass die zu Frauen werdenden Mädchen sich für ein paar Minuten aus dem Dreigenerationenhaushalt schleichen können. Diesen Hass, nicht repräsentiert zu werden von den Medien, von Kultur, Politik und Gesellschaft, den nehme ich mit: auf jede Bahnfahrt, in jedes Museum, in jedes Theater. Und in meine Redaktion. Aus ihm heraus sehe ich all die kulturell gebildeten Menschen um mich herum. Ich bin sehr ungnädig und voller Rachegelüste. Überall sehe ich die Vergessenen und ermahne mich innerlich, nicht selbst zu vergessen. Und genau daran kämpfe ich mich ab. Ist das gesund? Nein. Bringt mich das weiter? Nein. Kann ich anders? Noch nicht. Allerdings: Ich wünschte, ich könnte. Was bringt es mir, der große Mahner zu sein und daran zu zerbrechen?

Allein

Nach einer sonnigen Urlaubswoche am französischen Mittelmeer, kurz vor der Grenze zu Spanien, brachte ich meine damalige Freundin zum Flughafen in Toulouse. Für ein paar Tage wollte ich in den Pyrenäen wandern gehen. Es war Mitte September 2017, und ich saß bereits seit einigen Stunden im Auto, als ich am Ende der steil ansteigenden Gebirgsstraße am Lac des Bouillouses die hell erleuchteten Fenster des Refuges sah, von dem aus morgen die erste Wanderung meines Lebens beginnen sollte. Ich war ein bisschen stolz auf meine Idee. Allein wandern, in meinen Ohren klang das ungeheuer erwachsen. Leute, die ihr Leben im Griff haben, gehen allein wandern, Leute, die wissen, was sie wollen, die sagen, »wenn ich in der Natur bin, kann ich einfach so richtig abschalten«. So einer wollte ich auch sein.

Ich stieg aus meinem gebrauchten Honda, den ich mir von dem geliehenen Geld meiner Mutter für meinen Theaterjob gekauft hatte, und erklomm die Stufen zum Refuge. Ich fragte eine vorbeieilende Angestellte, ob es noch ein freies Zimmer gebe. Sie schüttelte den Kopf und sagte, dass sie für die Nacht ausgebucht seien, aber morgen, da sei noch was frei. Ich ergab mich meinem Schicksal und machte es mir im Auto so gemütlich, wie es eben ging. Für meinen von der Fahrt gebeutelten Rücken war die Aussicht auf eine Nacht im Auto nicht sehr verlockend, mein Portemonnaie hingegen freute sich, denn ich hatte mit zu wenig Geld kalkuliert.

Am nächsten Morgen wachte ich früh auf. Ich hatte kaum länger als eine Stunde am Stück geschlafen und war von meiner zusammengeknautschten Schlafposition ziemlich gerädert. Die Sonne war bereits aufgegangen, doch bei meinen Vorbereitungen für die Wanderung hinterließ mein Atem kleine Wolken. Ich nahm ein schnelles Frühstück zu mir, verstaute, was nicht mit auf die Wanderung sollte, im Kofferraum, schloss ab und machte mich auf den Weg.

Der erste Tag verlief genau so, wie ich mir meine erste Wanderung vorgestellt hatte. Perfektes Septemberwetter, obwohl die Route auf mehr als zweitausend Metern über dem Meeresspiegel begann. Ich genoss die Bewegung, die Natur, die Aussicht, einfach alles. Das war es, was ich mir erträumt hatte. Ruhe für meine Seele, frische Luft für meine Lunge, Stille für meinen rasenden Kopf, der immer und überall Probleme sah. Schon kurz nach Mittag erreichte ich das Ziel der ersten Etappe und verbrachte den Rest des Tages an einem kleinen See, bevor ich mich zeitig im Schlafsaal hinlegte. Am nächsten Tag stand der Höhepunkt der Tour an, es ging bis auf über zweitausendsiebenhundert Meter hoch, und ich würde komplett auf mich allein gestellt sein.

Am Morgen des zweiten Tages regnete es. Dichter Nebel verhüllte weite Teile des Sees, an dem ich mich tags zuvor noch gesonnt hatte. In der Nacht hatte ich schon wieder kaum ein Auge zugedrückt. Schnell aß ich einen Riegel, füllte meinen Wasserschlauch auf und marschierte los. Schon nach wenigen Metern führte mich der Weg steil bergauf. Ich spürte eine seltsame Melange aus Zuversicht, Tatendrang und einer gehörigen

Portion Unwohlsein in mir aufsteigen. Ein altbekanntes Unbehagen, das sich immer dann wie ein Schatten über mich legte, wenn ich versuchte, den vertrauten Pfad meiner Sozialisation zu verlassen. Mit jedem Schritt, den ich tat, verließ ich diesen Pfad ein bisschen mehr. *Leute wie ich wandern nicht,* schoss es mir in den Kopf. *Leute wie ich erholen sich im Urlaub am Strand von ihrem harten Arbeitsalltag.*

Ich kam ins Grübeln. In dem Klima, in dem meine Schwester und ich aufwuchsen, erschien uns das Neue, das Unbekannte, stets als Bedrohung. Ein Brief ist gekommen: Scheiße, das wird eine Rechnung sein. Olivier hat sich beim Skaten die Außenbänder gerissen: »Hab ich dir nicht tausendmal gesagt, du sollst besser aufpassen?!« Feldmesspraktikum mit der Klasse in Tschechien: »Wie soll ich das nur bezahlen?« Da draußen war die gemeine Welt, in die ich jederzeit abgeschoben werden konnte, sobald ich meiner Mutter zu viel wurde. Zumindest drohte sie mir damit, und mit ihren Drohungen übertrug sie ihre eigene Unsicherheit auf mich. Da draußen, da lauerte die Gefahr, das Ungewisse. So agierte meine Mutter, so hatte das Leben es ihr beigebracht, so hatte sie es sich selbst beibringen müssen, nachdem sie mit siebzehn Jahren der Gewalt ihres Vaters und der Ohnmacht ihrer Mutter entflohen war.

Der Berg, den ich nun seit rund einer Stunde hinaufstapfte, wurde inzwischen immer wieder von Wolkenbänken eingenommen. Trotz der dadurch auf wenige Meter eingeschränkten Sicht sah ich gleich zu Beginn der Etappe die ersten Wildtiere. Zunächst ein paar scheue Rehe. Laaaangweilig! Ich wanderte weiter, wobei ich immer wieder anhielt und mich umsah. Die Landschaft hatte sich von einem auf den anderen Tag komplett geändert. Statt Bäche, Auen und Wälder war die Landschaft nun von schroffen Felsen bestimmt, die abweisend dastanden und mir zu signalisieren schienen, dass ich nicht hierhergehörte. Dann, mit einem Mal, brach die Sonne durch die Wolkendecke, die den vor mir liegenden Berg umschlungen hatte. Ich hielt an. Links von mir erstreckte sich eine zerklüftete Berglandschaft, in der erste Schneewehen und letzte grüne Senken farblich hervorstachen. Mittendrin, in vielleicht siebzig Metern Entfernung, ragten plötzlich die Beine eines Tieres aus dem Nebel. Vier Beine, braunes Fell, langer, hoher Hals: ein Wildpferd! Es stand an einem Vorsprung, und zwischen seinen Beinen brach die Sonne durch die Wolken. Vor dem Fernseher wäre das ein anbetungswürdiges Spektakel, doch hier, allein in der Natur, spürte ich eine bleierne Machtlosigkeit in mir aufsteigen. Das Pferd, verstand ich intuitiv, war mir überlegen. Ich war bei ihm zu Gast, in seiner freien Wildbahn, nicht umgekehrt. Es starrte mich an, ich starrte zurück. Nach zwei bis drei Augenblicken, die sich wie Ewigkeiten anfühlten, löste ich, Frodo, meinen Blick, drehte mich um und stapfte den steilen, kargen Trampelpfad weiter hinauf in Saurons Reich. Anstatt eines Ringes, der sich meiner bemächtigte, war es ein dumpfes, schlechtes Gefühl, das sich in mir breitmachte, ausgelöst durch die Begegnung mit dem imposanten Wildpferd.

Die Baumgrenze hatte ich vor einiger Zeit schon hinter mir gelassen. Die Spitze des Berges war nicht mehr weit, aber der Weg führte mittlerweile so steil bergauf, dass mir schwindelig wurde und ich meinen Blick nur noch auf den Pfad vor mir richtete, der so schmal war wie das Bett eines Rinnsals. Nachdem ich die Bergspitze gegen den Uhrzeigersinn umrundet hatte, führte der Weg erstmals wieder leicht bergab, und nach einer Weile tat sich vor meinen Augen ein karges Hochplateau auf. Für diesen Lebensraum war der Mensch nicht gemacht, das wurde mir im Angesicht der schroffen Landschaft bewusst.

Der Pfad führte nun auf ein Plateau zu, dahinter folgte ein schmaler Kamm mit steilen Abhängen auf beiden Seiten. Am Ende des Kammes tat sich zu meiner Rechten ein Tal auf. Mehrere Hundert Meter ging es auf einem steilen Geröllabhang hinunter ins Tal, in dem sich ein Bach durchs Grün schlängelte. Saftige Wiesen betonten die ansonsten unberührte Wildheit der Natur. Einzelne Baumgruppen verwandelten das Tal in eine bizarr schöne Traumlandschaft. In einer normalen Umgebung hätte ich sicher eine stinknormale Wiese und einen Fluss gesehen, aber durch die gewaltige Natur um mich herum wuchs das Gewöhnliche in meinen Augen zum paradiesischen Garten. Zu einem freundlichen Fleck inmitten einer feindlichen, widrigen Umgebung. Gebannt von der Schönheit verdrückte ich ein paar Freudentränen.

Immer weiter ging es nun bergauf, und ich wurde abermals von Wolken eingeschlossen. In einiger Entfernung sah ich ein Kreuz. Die Landschaft bestand nur noch aus Gesteinsbrocken, mal größeren, mal kleineren. Ein leichter Wind wehte, ansonsten war es totenstill. Auf einem etwa ein Meter hohen Felsen links vom Kreuz am Ende des Pfades sah ich einen Vogel, dessen Kopf ununterbrochen von links nach rechts rotierte. Da er abgesehen von mir das einzige Lebewesen weit und breit war, galt meine volle Konzentration diesem nervösen Geschöpf. Bis zu dem Stein, auf dem der nervöse Vogel thronte, waren es noch knappe fünfundzwanzig Meter, da geriet der gesamte Stein auf einmal in Bewegung. Es dauerte den Bruchteil einer Sekunde, und der Stein, der gar kein Stein, sondern ein sehr großer sitzender Vogel war, breitete seine gigantischen Flügel zur Größe eines Kleinwagens aus und flog in meine Richtung. In einer fließenden Bewegung bückte ich mich und hob zwei faustgroße Steine vom Boden auf. Kampflos würde ich mich dem Riesenvogel nicht ergeben. Noch bevor mich der Vogel erreichte, starteten weitere Vögel in meine Richtung, die ich übersehen hatte, da die Tiere farblich mit der Umgebung verschmolzen waren. Mein kundiges Städterauge identifizierte den Angreifer und seine Gang allesamt als Adler. Ich, der kleine David, nahm den Kampf gegen Goliath und seine Sippe auf. Auf der einen Seite: ich, in der Hand zwei Steine. Dort: eine Flugsaurierhorde, der es nach Blut dürstete. Ein ungleicher Kampf.

Statt eines Angriffes flog der Chefadler in wenigen Metern Entfernung aber schräg an mir vorbei, als wäre nichts gewesen. Auch seine Familie, die ich vermutlich aufgeschreckt hatte, flog nicht auf mich zu, wie anfangs angenommen, sondern drehte einige Meter vor mir ab. Aus diesen drei oder vier Adlern wurden innerhalb der nächsten Viertelstunde ein ungefähres Dutzend, die in einem Abstand von etwa hundert Metern ihre Runden über mir und dem Berg drehten.

Der ersten Beinaheattacke war ich entkommen. Ich guckte an meinem Körper hinunter und sah, etwas unterhalb meiner Hüfte, zu beiden Seiten meines Körpers gummiartige, astgleiche Arme herunterhängen, an deren Enden wie Espenlaub zitternde Fäuste die beiden Steine festhielten. Durch den Beinahezusammenstoß war ich zu einem Spielball meiner Ängste geworden. Mein Panikhirn hatte auf Überlebensmodus geschaltet, in meinem Körper zirkulierte genug Adrenalin, um die Pyrenäen in einem Rutsch zu überqueren. Aus dem naiven

Wunsch »Wenn ich in der Natur bin, kann ich einfach so richtig abschalten« wurde der Gedanke »Ich will noch nicht sterben«. Was lächerlich klingt, fühlte sich in jenem Moment, einsam auf etwa zweitausendsiebenhundert Metern und mitten im Wohnzimmer von Vögeln mit einer Flügelspanne von drei Metern, komplett realistisch an. Hatte ich mein Schicksal zu sehr herausgefordert, indem ich dachte, ich könnte meiner Unterschichtenidentität davonlaufen? Ich wäre der coole Lebemann, der seine Ruhe in der Natur findet? Ich ging in die Natur, doch alles, was ich fand, waren nur dieselben Ängste, die mich schon mein ganzes Leben lang verfolgten. In diesem Moment war ich nichts weiter als ein kleiner Junge mit zwei Steinen in der Hand, der in den Arm genommen werden wollte.

Statt eines Armes wartete allerdings ein steiler Pfad auf mich. Bis ich völlig durchnässt im Refuge am Ende der Etappe ankommen würde, hatte ich noch einige Stunden Wanderung vor mir, die ganz im Zeichen meines Überlebenskampfes standen. Der Weg ging kilometerlang bergab, dazu war er höllisch steil. Die Kanten der Steine stachen in meine Handinnenflächen, die von der Anspannung zunehmend taub wurden. Ich hatte sie nicht weglegen können, die Steine waren zu meiner Lebensversicherung geworden. Alle paar Schritte blickte ich mich um. Durch den Regen beschlug meine Brille, und ich musste sie abnehmen, da ich sonst gar nichts mehr gesehen hätte. Wie zur Hölle war ich auf die Idee gekommen, mich allein und ohne Erfahrung in die wilden Pyrenäen stürzen zu können – und das auf weit über zweitausend Metern Höhe? Dass diese Gedanken nichts brachten, merkte ich, als neben mir ein Kieselstein ins Rollen kam und an mir vorbei hinunter ins Tal stürzte. Noch Sekunden danach war das dumpfe Poltern des Steines in meinem Ohr, der, auf dem Weg nach unten, von Fels zu Fels abprallte. So würde es mir auch ergehen, wenn ich mich jetzt nicht zusammenriss, nur der Ton, den ich beim Aufprall abgeben würde, wäre dumpfer.

Meine Tortur dauerte knappe sieben Stunden, aber zwischen dem Olivier, der morgens losgelaufen war, und dem, der am späten Nachmittag in dem Bergnest ankam, lagen Welten. Nachdem ich dem jungen Herbergsvater von meinen Abenteuern berichtet hatte, drückte er mir kommentarlos ein Tierbestimmungsbuch in die Hand, und es stellte sich heraus, dass meine geflügelten Peiniger keine Adler, sondern Geier gewesen waren. Zwar kam es in den Pyrenäen schon mal vor, dass abgestürzte Wanderer von Geiern gefressen wurden, bloß waren die Wanderer vorher, nun ja, abgestürzt. Fallobst aus Geiersicht. Stundenlang war ich in Panik gewesen, fest davon überzeugt, gleich angegriffen zu werden – und es war eigentlich nichts los gewesen.

Den Abend über saß ich schlotternd vor dem Kamin, in der Hand Bücher über Adler, Geier und Bären. Ich war der einzige Gast in diesem Refuge und hatte Nachholbedarf in Sachen Tierkunde. Der Regen trommelte sonor aufs Dach, und der Nebel vor den Fenstern wurde so dicht, dass die Außenwelt in einem gräulichen Weiß verschwand. Das hier war der einsamste Platz der Welt, und durch meine gerade erlebte Nahtoderfahrung wurde ich zu seinem einsamsten Bewohner. Kurz bevor ich mich schlafen legte, kam der Herbergsvater zu mir in den Gemeinschaftssaal, um Bescheid zu geben, dass das letzte Refuge auf meiner Rundtour schon dichtgemacht hatte. Am nächsten Morgen standen mir also gleich zwei Tagestrips am Stück bevor.

Die strahlende Sonne und der blaue Himmel am kommenden Morgen bedeuteten mir nichts. Der schöne Himmel ist nur für denjenigen schön, der ein Auge für ihn hat. Ich hatte nur noch ein Auge für die Gefahr. Die Angstwatte, in die ich durch mein Quasigemetzel mit den Geiern hineingesogen worden war, umgab mich für den Rest meiner Wanderung. Den ganzen Wandertag über, der sich erschöpfend lang hinzog, witterte ich in jeder Felsspalte gefährliche Tiere, roch den Absturz, sah meinem Ende entgegen.

Irgendwann am Nachmittag war das letzte Fruchtpüree ausgequetscht, die letzte Vitamintablette eingeworfen. Geld, um mich für den Gewaltmarsch mit Proviant zu versorgen, hatte ich nicht eingeplant. Langsam bekam ich Hunger. Ich war mittlerweile über sechs Stunden unterwegs, hatte kaum was im Magen und war gewaltig unterzuckert. Nach Dutzenden Pausen erreichte ich die Bergspitze, auf die ich schon seit einer Stunde zusteuerte, und ein letzter langer Abstieg begann. Unter der Last meines Rucksackes taumelte ich, und immer wieder knickte ich um. Für den Fall, dass ich nicht mehr weitergehen konnte und am Wegesrand einige Zeit auf Verstärkung warten musste, bewahrte ich einen Rest meines Trinkwassers auf.

Nach einer gefühlten Ewigkeit hörte ich die ersten Stimmen, seit ich mich am Morgen vom Herbergsvater verabschiedet hatte. Als ich in der Ferne den Lac des Bouillouses sah, von dem ich gestartet war, hüpfte mein Herz, und ich schöpfte neue Kraft. Ich hatte es geschafft!

Am Auto angekommen aß ich alle zurückgelassenen Vorräte auf, Schokolade, Chips und Nüsse. Dann, nachdem ich kurz durchgeschnauft und eine SMS an meine Freundin verschickt hatte, checkte ich in dem Refuge ein, das auf der Hinfahrt ausgebucht gewesen war.

Am Abend aßen alle Gäste der kleinen Herberge gemeinsam im Salon des Refuge. Serviert wurde ein Drei-Gänge-Menü aus Salat, Spaghetti Bolognese und Crème brûlée. Die anderen Gäste waren erst am selben Tag angekommen, erfuhr ich im Gespräch, und hatten die Tour noch vor sich. Da ich also der einzige Rückkehrer war, konzentrierte sich die Runde schnell auf meine Erlebnisse, und trotz meines gebrochenen Französisch unterhielt ich die kleine Truppe mit meinen Abenteuern. Die Geiergeschichte wurde von der Gruppe mit Gelächter quittiert. Wie ich bloß auf die Idee gekommen sei, als Anfänger diese Route zu laufen, und dann auch noch ohne Begleitung und ohne wenigstens angelesene Kenntnisse und entsprechende Ausrüstung. Die Antwort darauf blieb ich schuldig, und das lag ausnahmsweise nicht an meinen lückenhaften Französischkenntnissen.

Am nächsten Morgen, einem Freitag, stieg ich ausgeschlafen und mit neuer Energie ins Auto, doch bevor ich mich endgültig auf den Rückweg nach Hamburg machte, wollte ich noch einen Abstecher zu meiner Grand-mère machen, die mittlerweile ins Altersheim gezogen war. Nachdem ich einen ganzen Tag gefahren war und die Nacht auf einem Rastplatz in meinem Auto verbracht hatte, kam ich in Chinon an. Ich fand das Altenheim und erfuhr von einer Pflegerin, dass meine Grand-mère an diesem Tag Zuschauerin bei einer internen Rentnerolympiade sei, ich solle abends wiederkommen. Als ich entgegnete, dass ich nur auf der Durchreise sei und am Montag wieder zurück in Hamburg sein müsse, schenkte mir die Frau einen mitleidigen

Blick und bedeutete mir, dass ich fünf Minuten Zeit hätte, um mit meiner Grand-mère zu sprechen. Sie führte mich in den mit Dutzenden alten Menschen gefüllten Saal des Altenheims.

Nach kurzem Suchen fand ich sie. Grand-mère war alt geworden. In sich zusammengesunken saß sie wie ein kleines Mädchen vor mir, und als ich auf sie zuging, schaute sie unbeteiligt an mir hoch. Offenbar hatte sie Schwierigkeiten, mich zu erkennen, und in dem Moment, in dem ich ansetzte, um ihr auf die Sprünge zu helfen, fragte sie: »Michel?«

Mein Vater und ich sahen uns schon ein wenig ähnlich, nur war ich dreißig Jahre jünger und fast ebenso viele Zentimeter größer als er. Sie so zu sehen, in einem abgetragenen geblümten Kittel, die Haare grau und verklettet, das Gesicht leicht entrückt, brach mir das Herz. Sie bemühte sich, mit mir zu sprechen, und nach wenigen Minuten hatte ich sie so weit, dass sie nicht mehr nur unbeteiligt nickte, sondern verstand, wer ich war und was ich hier wollte. Zumindest wollte ich das glauben. Doch zu mehr als dem Austausch einiger Floskeln blieb keine Zeit. Zum Abschied drückte ich sie und machte mich auf den Weg nach Hause.

Mittwoch, 8. April 2020 20.57 Uhr

Die Waschmaschine schleudert, und ich kann mich vor ihren Geräuschen nicht verstecken. Zwischen Küche und Schlafzimmer befindet sich in meiner Wohnung keine Tür. Meine Schulter tut bei jeder Bewegung weh, dabei habe ich mich weder gestoßen noch habe ich irgendeine Schultergeschichte am Laufen. Nach drei Tagen Arbeit bin ich ausgelaugt und kraftlos. Wie fühlt sich eine Depression an, in der viele klassische Symptome einer Depression fehlen? Scheiße! Ich kann mich zwei Drittel meiner Zeit im Homeoffice weder konzentrieren noch motivieren und frage mich, warum ich überhaupt jeden Tag arbeiten muss. Ununterbrochen denke ich: *Ich kann nicht mehr, ich will nicht mehr.* Ich will mich einschließen, einigeln, verkriechen. Nicht mehr müssen. Und die Therapieerfolge stellen sich zwar ein, aber so langsam, dass sie mich zumindest nicht rechtzeitig auffangen können.

Sonntag, 12. April 2020 13.45 Uhr

Geräusche von Armut: heiseres Husten; Nachbarn, die streiten; eine immer wieder heulende Mutter; der Pissstrahl eines im Stehen pinkelnden Nachbarn durch die zu dünnen Wände; laute Reggaemusik am Samstagmorgen; das Ausstoßen von Schleim, der rasselnde Atem meines Vaters; Sirenen; das markerschütternde Auftreten einer Tür zu Beginn einer Hausdurchsuchung bei den dealenden Nachbarn; laufende Motoren vor der Tür; das Klatschen einer Backpfeife; das dumpfe Bersten einer eingeschlagenen Zimmertür; der lang gezogene

Pfiff eines Kunden vor dem Fenster des Dealers gegenüber; das Sturmklingeln an der Wohnungstür von ungeduldigen Kunden des Dealers im Haus; die Schreie einer Frau im Hof, die von ihrem Mann geschlagen wird; das unermüdliche Bellen von schlecht erzogenen Hunden; das ewige Schreien kleiner Kinder; Fernseher; quietschende Bahnschienen; lauter Verkehr; Schreie während einer Schlägerei im Treppenhaus ...

Montag, 13. April 2020 15.25 Uhr

Die Arme sind schwer, der Kopf tut weh, die Laune ist dahin. *Ich will nicht, dass mein Leben der Arbeit gehört*, denke ich, als ich beschließe, mich für eine Woche krankzumelden. »Bei Ihrer Vorbelastung liegt die Gefahr einer psychischen Erkrankung einfach sehr, sehr hoch«, hat mein Therapeut in der letzten Stunde gesagt und verschafft mir per gelbem Schein etwas Luft.

Lagerkoller

Der Plan, dem bürgerlichen Schauspielbetrieb zu zeigen, wo der Frosch die Locken hat, war mir schon im Laufe der ersten zwei Jahre nach Abschluss der Schauspielschule abhandengekommen. Mir fehlten der Mut zum Angriff und die Zeit, mich vorzubereiten, außerdem hatte ich mich irgendwann eingerichtet in einem Leben mit Kindertheater plus wechselnden Nebenjobs und wusste mal wieder nicht so recht, was aus mir werden sollte. Der Job als Malerhelfer war nach ein paar Monaten wieder vorbei, und nach einem Abstecher in einem Café musste ein neuer Job her, diesmal etwas Längerfristiges. Regale im Supermarkt packen, kellnern, mich irgendwie verstellen müssen, zu lächeln, wenn ich in Gedanken eigentlich mordete, darauf hatte ich keine Lust mehr. Dann lieber was Ehrliches.

Da mein Lebenslauf nur Hilfsjobs zuließ, kam ich bei einer Zeitarbeitsfirma unter. Es war, wie ein Pakete schleppender Kollege ein paar Wochen später so schön sagte: »Arbeit, Arbeit, immer shaise Arbeit.«

Im weltweit größten Lager einer Firma aus der Textilbranche am Rande der Stadt begann die Schicht früh. Jeden Morgen um Viertel vor sieben versammelten sich in der Halle im ersten Stock fünfzehn bis fünfundzwanzig Menschen. Damit ich pünktlich war, klingelte mein Wecker um Viertel nach fünf. Bereits am ersten Arbeitstag hätte ich in der Umkleide am liebsten kehrtgemacht. Dicht an dicht drängten sich die Männerkörper, es roch nach runtergelatschten Arbeitsschuhen, Schweiß und labbrigen Käsebroten, nach Billigdeos,

Kopfschmerzparfum und Männlichkeit. Es gab viele Gründe, warum man sich wünschte, nicht hier sein zu müssen. Ich fühlte mich wie Eminem in *8 Mile,* aber Hamburg war nicht Detroit, und im *Rap Game* Fuß zu fassen, war nicht länger mein Plan.

Die Hackordnung war klar. Vor dem Tresen standen die »Packer« und die »Picker«, fast ausnahmslos People of Color, na ja, und ich eben. Hinter dem Tresen standen die groß gewachsenen Alman-Chefs mit Studium oder zumindest einer Logistikausbildung. Jeder Picker bekam eine mehrseitige Liste mit Nummernaufklebern ausgehändigt, nahm sich zwei Plastikboxen und einen kleinen Karren, dann ging es los.

Die Mission war, die jeweilige Nummer von der Liste auf einem der Aufkleber in den markierten Gängen der riesigen Halle zu finden. Am richtigen Regal angekommen, nahm man die bestellte Ware heraus, klebte den Sticker mit der Nummer drauf, und weiterging's. Hatte ich die letzte Nummer auf der Liste abgehakt, wurde der übervolle Wagen auf einen größeren Karren verladen, dessen Inhalt anschließend von den Packerinnen (nur Frauen, fast alle People of Color oder aus Osteuropa) in Kartons und Tüten verpackt wurde. Danach kamen die Kartons und Tüten wieder in den Wagen, und weiterging's zur Folierstation, in die ich dank guter Führung nach einigen Schichten versetzt wurde.

Man musste am Tag mindestens vier dieser Touren schaffen, doch viele der um die Sechzigjährigen schafften höchstens die Hälfte, was ihr gutes Recht war. Nur mussten sie darauf achten, nicht *zu* langsam zu arbeiten, denn das könnte der Zeitarbeitsfirma gemeldet werden, und der befristete Vertrag würde nicht verlängert werden.

Die Arbeit war stumpf, die Belastung hoch. Dreimal die Woche Kindertheater spielen, dreimal die Woche im Lager arbeiten – in der Summe hatte ich mir mal wieder zu viel aufgehalst. Wenn man Pech hatte, wurde man jeden Morgen in eine andere Halle geschickt, und das war in jedem Fall ein schlechtes Los, weil die Arbeit in den anderen Hallen im Zweifel öder oder mühsamer war. Dort wurden Kleider umetikettiert, Kisten von Fließbändern auf kleine Wagen gehievt oder – und das war die absolute Arschkarte – Vierzigtonner beladen.

Wie in vielen anderen Jobs ging auch diese Arbeit leichter von der Hand, wenn man Leute zum Quatschen fand. Und die fand ich, wobei, richtig müsste es heißen, sie fanden mich. Ich gehöre zu der Sorte Mensch, vor der wildfremde Leute schon nach ein paar Minuten ihr Leben ausbreiten, als würde man sich seit der Konfirmation kennen, dabei stand man erst seit Kurzem gemeinsam am Fließband, im Lkw oder in einem acht Meter hohen Warengang.

Da war Amadou, der Meister der Folierstation, der sich für den Mindestlohn anstrengte und wie ich nur drei Tage die Woche arbeitete, weil seine Frau für den Familienunterhalt sorgte. Nach einer Karriere als Koksdealer, die fast im Bau geendet hätte, fand er zu seinem Glauben. Mit Sätzen wie »Ich sehe dich, Olivier, du bist auch auf der Suche, genauso wie ich, und wir beide, wir werden den Weg finden, den Gott sich für uns ausgesucht hat, glaub mir!« versuchte er, mir auf meinen eigenen spirituellen Pfad zu helfen. Es sollte ihm nicht gelingen, obwohl er das »Glaub mir« mit einer solchen Zuversicht in der Stimme sagte, dass man nichts lieber wollte, als ihm zu vertrauen. Dabei zwinkerte er einem im Vorbeigehen verschwörerisch zu, zog das A in die Länge – »Glaaaaub mir« – und schwebte in Sicherheitsschuhen, Größe 43, davon. Sein Gang hatte etwas von einem Lama, das sich entschieden hatte, dass Stress nicht gut für den körpereigenen Hormonhaushalt ist. Amadou brach niemals in Hektik aus, nicht für den Mindestlohn. In den folgenden Wochen strengte er sich noch weniger an als gewöhnlich, um Kraft für einen dreiwöchigen Ghana-Urlaub aufzusparen. Erst wollte er für eine Woche den Teil seiner Familie besuchen, der dort geblieben war, anschließend war er mit einem Schamanen verabredet, der ihn in den Dschungel begleiten sollte, um ihn zu lehren, wie er seinem spirituellen Geist näherkommen konnte.

Eines Tages standen Amadou und ich an der Foliermaschine, als er sagte, dass er Pause machen würde. »Okay«, antwortete ich, »dann bis gleich.« Ich bekam Unterstützung von Said, mit dem ich schon ein paarmal zusammengearbeitet hatte, den ich aber noch nicht richtig kannte. Beim Warten auf neue Ware kamen wir vom Hölzchen aufs Stöckchen, und auf einmal erzählte er mir seine Geschichte.

Said war Iraker und hatte in beiden Irakkriegen gekämpft. Wie zum Beweis zeigte er mir seine Verletzungen: eine Narbe von einem Streifschuss, die quer über seine Wange verlief, sowie einen kleinen Krater am linken Oberarm, ein glatter Durchschuss. Said war Künstler, doch weder in »Almania« noch im Irak konnte er von seinen Bildern leben. In seiner Heimatstadt Ramadi habe er als Lehrer gearbeitet, erzählte er, und diese Jahre seien, abgesehen von den Geburten seiner Kinder, die einzigen gewesen, in denen er wirklich glücklich gewesen sei.

Said war kein hässlicher Mann, doch er hatte diese traurige Aura um sich, die so viele Menschen in den Lagerhallen und Flüchtlingsunterkünften Deutschlands wie ein Gewand um sich tragen. Obwohl viele von ihnen als Kriegsflüchtlinge nach Deutschland gekommen sind, bekommen die wenigsten psychologische Unterstützung, der oftmals ungeklärte Aufenthaltsstatus sorgt zusätzlich für Dauerstress.

Die Narbe an seinem Arm, erzählte Said, stamme nicht von seinem zweiten Einsatz im Irakkrieg 2003. Said, der inzwischen in Bagdad lebte, jobbte kurz nach Ende des Krieges als Bauhelfer und war mit seinen Kollegen im Auto unterwegs von einer Baustelle, als aus dem Jeep vor ihnen plötzlich das Feuer eröffnet wurde. »Die waren von Blackwater, hielten uns für Terroristen und haben einfach auf uns geschossen«, sagte er. Er habe zwei Kinder, einen Sohn und eine Tochter, und das, so erzählte er in diesen vierzig Minuten, in denen Amadou in der Pause war (Amadou überzog seine Pause stets um zehn Minuten), sei der Grund, warum er sich noch nicht das Leben genommen habe. Ich muss ziemlich erschrocken ausgesehen haben, denn als er mich ansah, gelang ihm ein Blick, der wohl so was wie Selbstmitleid ausdrücken sollte. *Ja, ich weiß, ganz schön hart,* war der Subtext, und das machte den Satz noch viel weniger aushaltbar. Für ihn war es okay, dass er diese Welt nicht für lebenswert hielt. Diesen Blick hatte er extra für mich aufgesetzt. Weil ich nicht wusste, was man nach einem solchen Satz sagen sollte, sagte ich nur »shit« und schwieg. Still arbeiteten wir weiter, bis Amadou aus der Pause zurückschwebte. Und irgendwie war ich ganz erleichtert über seine Rückkehr.

Eines Vormittags herrschte plötzlich Aufregung in der großen Halle. Einer der Vorarbeiter lief herum und sagte, es gebe etwas zu besprechen und wir sollten uns gleich versammeln.

Eine halbe Stunde später standen etwa vierzig Mitarbeiter:innen um den Tresen herum, und der Abteilungsleiter hielt eine Rede, die ungewohnt defensiv und demütig klang. Ein paar Tage zuvor hatte es in den Medien einen Aufschrei gegeben. Die Firma hatte eine Werbekampagne mit einem Schwarzen Jungen lanciert, der ein T-Shirt mit einem Aufdruck trug, den man im Zusammenhang mit dem Schwarzen Jungen als rassistisch lesen konnte. Einige Schwarze Mitarbeiter:innen hatten daraufhin in einem Brief an die Geschäftsführung eine klare Distanzierung von der Kampagne und eine Entschuldigung gefordert. Nun war die Firma um Schadensbegrenzung bemüht. Das sei alles ein großes Missverständnis, man habe großen Respekt vor allen Ethnien, nicht umsonst kämen »unsere Mitarbeiter aus aller Herren Länder«, sagte unser Vorarbeiter. Es tue der Geschäftsleitung leid, aber man müsse verstehen, die Kampagne sei ganz sicher keine Absicht gewesen, und man hoffe, dass die Belegschaft das auch so verstehen würde. Die Firma stehe für Diversität, und die Mitarbeiter aus anderen Teilen der Welt seien eine große Bereicherung.

Auf überdimensionalen Werbeplakaten an Hauptbahnhöfen und auf Litfaßsäulen, im Fernsehen und in den sozialen Medien trat die Firma betont divers auf – und genauso sah es auch in den Kriechgängen und Katakomben des Lagers aus. Nur bediente man sich der Schwarzen Mitarbeiter:innen nach außen und innen aus zwei völlig verschiedenen Gründen. Während die diversen Models im Scheinwerferlicht der Laufstege strahlten und billig zusammengenähte Stoffe in Szene setzten, um der Firma einen modernen, weltoffenen Anstrich zu geben, kämpften meine Schwarzen Kolleg:innen darum, über die Runden zu kommen. Jenseits des Blitzlichtes brauchte man die PoC als billige Arbeitskräfte, nach außen warb man mit der trendigen Multikulturalität. Im Nachhinein erfuhr ich, dass man versuchte, die Verfasser:innen des Beschwerdebriefs ausfindig zu machen – sicher nicht, um ihnen eine Lohnerhöhung zukommen zu lassen.

Aber nicht nur von oben nach unten wurde Druck weitergegeben, auch horizontal gab es den Beweisdruck, dass man verstanden und verinnerlicht hatte, worauf es ankam. Eine Mentalität, die ich aus zahlreichen Jobs kannte. Leute, mit denen man eigentlich auf derselben Seite des Arbeitskampfes stand, hatten sich die Spielregeln des Unternehmens um des eigenen Überlebens willen so einverleibt, dass es oftmals gar keine Chef:innen als Korrektiv brauchte. Denunzieren oder zurechtweisen, das konnten auch die Kolleg:innen sehr gut.

Eines Tages wurde ich ans Erdgeschoss ausgeliehen. Von einem Fließband musste ich Pakete, Kartons und lose Kleidungsstücke auf Trolleys hieven, eine zermürbende, weil monotone Arbeit. Schon seit dem Morgen schmerzte mein rechtes Knie, das mir das Skateboardfahren nie verziehen hatte. Durch das stundenlange Stehen, Schleppen und Gehen wurde es nicht besser. Immer wieder gab es minutenlang nichts zu tun. Mein Arbeitsplatz lag mitten in einer Halle mit tief hängenden Decken. Durch zahlreiche Fließbänder und Motoren, durch Leitern und Rohre war er aber gut versteckt. Warum sich also nicht mal kurz hinsetzen? Nach ein paar Minuten erschien plötzlich eine mir unbekannte Kollegin. Noch ehe sie stehen blieb, schnauzte sie los, ich sei hier ja wohl nicht zu Hause und was mir einfiele, so herumzufläzen. Ihr Gesicht war eines von der Sorte, dem man ansah, dass der Mensch, zu dem es gehörte, zu früh und zu hart hatte arbeiten müssen. Sie war keine Chefin, das wurde mir klar, denn sie hatte denselben Job wie ich zu verrichten. Ich antwortete, dass mir mein Knie wehtue und es gerade eh nichts zu arbeiten gebe. Doch statt sie damit besänftigt zu haben, fuhr die Kollegin nun erst richtig hoch. Was ich denn denken würde, wie es ihr gehe? Man sei auf der Arbeit, und man habe sich zusammenzureißen. »Mann, Mann, Mann, und das in deinem Alter. Sieh zu, dass du dich hinstellst, sonst warst du bald das letzte Mal im Lager«, rief sie mir zu. Ich stand auf, ging ein paar Meter und drehte ihr meinen Rücken zu. Als ich mir sicher sein konnte, dass sie außer Sicht war, setzte ich mich wieder hin.

Montag, 20. April 2020 14.00 Uhr

Nach einem Spaziergang mit meiner Mutter an der Elbe waren Lucie und ich einkaufen. Mehr braucht es nicht, damit meine Welt untergeht. Oder besser: ich in ihr untergehe. Und das an meinem freien Tag. So muss sich die Wirkung einer Blendgranate anfühlen. Nur dass ich noch sehen kann. Der Tinnitus und das Rauschen in meinen Ohren sind bedenklich. Mein Körper ist taub und schwer, als würde ich eine Strahlenschutzweste tragen, so eine, die einem beim Röntgen angelegt wird. Zu Hause angekommen heule ich, dann geht Lucie nach Hause. Manche Kämpfe müssen allein geführt werden. Seit vierzehn Tagen scheint die Sonne ununterbrochen. Die Zeitungen kennen nur ein Thema: Wann werden welche Ausgangsbeschränkungen gelockert, wann haben die ersten Läden/Schulen/Ämter wieder auf? Ich kenne nur ein Thema: Wie tief geht es noch runter, nachdem ich das Kellerlevel freigeschaltet habe? Wie soll ich so arbeiten? Gestern saß ich im Homeoffice minutenlang vor meinem Rechner und konnte mich nicht überwinden, mit der Maus auf ein Fenster zu klicken. Ich fühle mich wie eine Badewanne, aus der der Stöpsel gezogen wurde und das abgekühlte, vom Baden graue Wasser abfließt. Was bin ich noch, wenn ich den Selbstwert zum Großteil am Erfolg messe, die Erschöpfung aber die Regie in mir übernommen hat und Erfolge fürs Erste aus dem Programm gestrichen sind? Was bin ich, wenn Körper und Geist zu müde für meine agitierte Depression sind und ich für meinen gewohnten Aktionismus zu schwach bin? Sicherheitshalber beantworte ich mir die Fragen lieber nicht. Dafür rauche ich heute auf den Tag genau seit sieben Jahren nicht mehr und bin nun insgesamt länger

Nichtraucher, als ich je geraucht habe. Mein erfolgsorientierter Selbstwert klatscht Beifall.

Montag, 20. April 2020 14.23 Uhr

Wenn dieses Buch ein Song wäre, hieße er *Billie Holiday* von Trettmann:[6]

> Weiß manchmal selbst nicht mehr, was mich treibt,
> was bloß, was bloß?
> Jag ich nur nach verlorener Zeit, was macht mich so rastlos?
> Hab allen gesagt, allen gesagt, wer ich bin
> Warum wisst ihr denn nicht, seht einfach nicht, wer ich bin
> Nicht das in mir, seht nicht das in mir, was ich bin
> Tut mir leid, aber das macht alles kein'n Sinn
> Hab mein Zuhause verlor'n such nach 'nem neuen Zuhause
> Und auch wenn sich hier alles gleicht, egal wohin ich auch laufe
> Sonne geht auf, die Skyline taucht alles ins Dunkel
> Keine Liebe in diesem Dschungel

6 Trettmann, *Billie Holiday*, Album *DIY* (SoulForce Records 2017)

Grand-mère, letzter Akt

An einem Abend im Februar 2019 erreichte mich die Nachricht, dass Grand-mère gestorben war. Dass es ihr nicht gut ging, wusste ich von meinem letzten Besuch, doch als mein Vater anrief und mir ungewohnt leise die Nachricht überbrachte, erwischte es mich kalt. Mit zweiundneunzig Jahren war Grand-mère nun also in den endgültigen Ruhestand getreten.

Dass Altern erwachsen macht, ist klar. Aber warum hatte mich noch niemand beiseitegenommen und mir erklärt, dass es Momente gibt, in denen es schlagartig passiert – das Erwachsenwerden? Vielleicht war der Moment auch deshalb so unwirklich, weil die Nachricht vom Tod eines Verwandten in Filmen und Serien bis zur Unerträglichkeit verklärt wird. Selbst in einem solchen Moment, für den das Menschsein mit all seiner Empathie, mit seinen Gefühlen und Gedanken überhaupt gemacht ist, gelang es mir nicht, mich der Nachricht vom Tod meiner Grand-mère voll und ganz hinzugeben. War sie das, die größte aller Enttäuschungen des Erwachsenseins? Noch während mein Vater und ich redeten, begann ich mich mit meinem inneren Auge zu untersuchen. Tastete meine Gefühlslage ab, befragte mich, ob ich etwas spürte. Mein grimmiger Ernst, mit dem ich der Todesnachricht begegnete, schien mir eher Vorsatz als aktueller Gemütszustand zu sein. In etwa so wie der Vorsatz, bei einer Beerdigung Schwarz zu tragen. Nachdem ich aufgelegt hatte, lehnte Lucie, mit der ich auf dem Rückweg vom Kino gerade in der U-Bahn saß, ihren Kopf an meine Schulter und drückte meine Hand. Sagte nichts, war einfach nur da. Ich hätte in den Arm genommen werden müssen, aber das war nicht ihre Art.

Kaum waren wir aus der Bahn gestiegen, rief ich meine Schwester an und setzte sie ins Bild. Meine Schwester reagierte wie im Film: Zum Schutz gegen das, wogegen man sich nicht wappnen kann, trug sie ein schockiertes Fragestellen zur Schau. Jeder hat seine eigene Art, mit so einer Nachricht umzugehen, und ich wäre mir zynisch vorgekommen, über ihre zu urteilen.

Wir hatten einige Jahre zuvor abgesprochen, dass wir die Beerdigung unserer Grand-mère auf keinen Fall verpassen wollten. Als Grand-père starb, waren wir noch zu jung, um ohne Begleitung nach Frankreich zu fahren, außerdem hätten wir uns die Reise damals nicht leisten können. Diesmal war alles anders. Meine Schwester war inzwischen Mutter einer kleinen Tochter geworden, und meine zwei Jahre alte Nichte sollte mitkommen.

Keine achtundvierzig Stunden nach dem Anruf meines Vaters begann der Roadtrip nach Chinon, unsere *tour de mort*. Die erste Etappe ging schnell: Ich fuhr mit dem Zug von Hamburg nach Lüneburg, wo meine Schwester mich mit dem Auto einsammelte. Allerdings fuhren wir nicht gleich los, sie wollte erst noch einkaufen gehen, dann sollte ihre Tochter schlafen. Wir würden also erst abends losfahren, verkündete sie. Ich war müde von der Arbeit und erinnerte mich an eine andere Abmachung zwischen uns, weshalb in dem kiwigrünen Dreitürer meiner Schwester binnen Sekunden einer der größten Streite in der Geschichte unserer Beziehung ausbrach. Hatte ich ihr nicht unmissverständlich klargemacht, dass ich nach acht Stunden Arbeit und einer Stunde im Regionalzug einfach nur noch aufbrechen wollte? Offenbar nicht. Ein Feuer brach aus, dessen Zündstoff nichts mit dem eigentlichen Konflikt zu tun hatte. Altes, trockenes Holz, das dankbar knisternd in Flammen aufging. Auf dem Parkplatz vor dem Supermarkt schrien wir uns so an, wie wir es von unseren Eltern gelernt hatten, dabei saßen wir in ihrem winzigen Auto keine dreißig Zentimeter voneinander entfernt. Meine kleine Nichte auf dem Rücksitz zeigte sich ähnlich unbeeindruckt, wie wir uns damals als Kinder unbeeindruckt gezeigt hatten von dem gewalttätigen Geschrei unserer Eltern. Dass das nichts heißen muss, wusste ich. Inmitten ihres Geschreis zuckte meine Schwester zusammen, als wollte sie mir eine verpassen, und ich erschrak so sehr, dass ich mit dem Hinterkopf gegen die Scheibe stieß. War ich vorher wütend, so wurde ich nun rasend.

»Willst du mich schlagen? Mach doch, aber ich box zurück«, brüllte ich ihr ins Gesicht. Wir beide hatten so viel einstecken müssen, dass wir seit Jahren nur den Vorwärtsgang kannten. Zwei Würstchen, die nicht gelernt hatten, anders mit Frust umzugehen. Nur dass wir jetzt erwachsen waren und für unser Tun selbst Verantwortung trugen.

Nachdem sich die Wogen wieder etwas geglättet und wir im Haus meiner Schwester (sie wohnte zu der Zeit im Gästehaus eines älteren Ehepaars) die letzten Vorbereitungen getroffen hatten, fuhren wir endlich los, und mit jedem Meter Wegstrecke, den wir hinter uns brachten, fiel die Anspannung, die seit dem Streit zwischen uns lag, so weit von uns ab, dass wir die Fahrt gemeinsam gut überstanden.

Nach siebzehn Stunden im Auto erreichten wir Chinon, doch anstatt direkt zum Haus unserer Grand-mère zu fahren, bestellte uns unser Vater zum *Routiers,* einem direkt an der

Landstraße gelegenen Truckertreff, der für Leib und Wohl der Fernfahrer sorgte.

Unser Vater umarmte uns nicht wie jemand, dessen Mutter drei Tage zuvor gestorben war. Unser Onkel begrüßte uns nicht wie ein Onkel, der seinen Neffen und seine Nichte seit über einem Jahrzehnt nicht gesehen hatte. Das Gespräch am Tisch drehte sich um Alltägliches, kein einziges der Gesichter verriet den Anlass, der uns zusammengeführt hatte. Ich kaute auf ein paar zerkochten Kartoffeln und einigen labbrigen Brokkoliröschen aus dem Gefrierfach des Bistros herum, während mein Vater und sein Bruder sich über das fleischlastige Buffet hermachten. Zur Beerdigung ihrer Mutter waren sie extra aus Asien angereist, doch noch nie waren die beiden, die ja irgendwie Teil meiner zersplitterten Familie waren, mir so fremd wie in diesem Moment, als sie mir hier von Angesicht zu Angesicht gegenübersaßen. Räumlich trennte uns nur ein Tisch, emotional trennten uns Welten.

Am nächsten Tag ging es früh los. Großonkel Jean-Claude, mein Vater und Tonton Eric holten Tonton Thierry aus der Pflegeeinrichtung ab, in der er lebte, während meine Schwester, meine Nichte und ich auf direktem Weg zum Beerdigungsinstitut fuhren. Der Ort, an dem Grand-mère aufgebahrt lag, war ein schmuckloser Flachbau im unteren Teil von Chinon unweit des Bahnhofs. Zehn Minuten später erschienen mein Vater, seine Brüder und Großonkel Jean-Claude. Thierry, so sah es aus, hatte sich dazu entschieden, seine Mutter in abgenutzten Schlappen zu Grabe zu tragen, wie sie in Hotels oftmals gratis ausgegeben werden. Als er meine Nichte sah, formte er seine Hand zu einer Waffe, visierte sie an, drückte ab und rief: »Bäng, bäng!«

Wir setzten uns ins Foyer, tranken Automatenkaffee und schwiegen uns an. Gegen diesen verrückten Haufen schienen mir meine Schwester, meine Nichte und ich, *les Allemands*, ziemlich normal zu sein. Nach ein paar Minuten wurden wir in einen Vorraum gelassen. Aus dem ratlosen Schweigen im Foyer war ein der Situation angemessenes respektvolles Schweigen geworden. Angesichts des geschmückten Raumes und der betont traurigen, in Moll gehaltenen Hintergrundmusik konnte keiner der Anwesenden Davids noch länger den Grund überspielen, aus dem wir uns hier versammelt hatten.

Kurz darauf wurde die Tür zu einem zweiten Raum für uns geöffnet. Grand-mère lag dort in einem offenen Sarg, und nun war die Zeit gekommen, sich von ihr zu verabschieden. Aber nicht mal hier, bei meiner letzten Begegnung mit dem Leichnam, der einmal meine Grand-mère gewesen war, ließ mich das melancholische Gedudel in Ruhe, es quetschte sich zwischen den winzigen Körper von Grand-mère und die Trauer, die ich in mir zu verorten suchte.

Nachdem jede:r ein wenig Trauerzeit gehabt hatte, sahen wir zu, wie vier Mitarbeiter den Sarg mit einer irritierenden Bedächtigkeit verschlossen. Trotz des katholischen Rituals mit dem offenen Sarg kam mir das alles sehr unheilig vor, dafür aber betont aufgeladen. Die Männer verließen den Raum gewichtigen Schrittes, was so gar nicht zu ihren grob geschnitzten Gesichtern passte.

Eine knappe Stunde dauerte der Spuk. Als ich vor die Tür trat, füllte sich meine von der Zeremonie zusammengefaltete Lunge mit kalter, klarer Märzluft, und die Beklemmung, die sich in mir aufgestaut hatte, wich der Erleichterung, den ersten Teil des Protokolls hinter mich gebracht zu haben.

Wir stiegen in die Autos, warteten, bis die Männer den Sarg in einen Leichenwagen verladen hatten, und fuhren in Richtung Kirche. Die Autos stellten wir am Ufer der Vienne auf einem Parkplatz ab, in der Allee, in der wir als Kinder getobt hatten. Dann begann der Trauermarsch. Das Auto mit Grand-mères Sarg fuhr im Schritttempo vorneweg durch die engen Gassen bis zur Église Saint-Étienne. Auf dem Beifahrersitz Thierry-Schlappschuh, als wollte er nach seinen Schlaganfällen und mit seiner Diabetes schon mal im Leichenwagen Probe sitzen. Der Rest unserer Familie folgte dem Wagen.

Vor der Kirche begrüßte uns der Priester. Die Totenglocken läuteten, und meine Schwester und ich nahmen aufgrund unseres Exotenstatus – Deutsche im ländlichen Frankreich, wo gibt's denn so was? – den Platz ein, der eigentlich Grand-mère zugestanden hätte.

Angenehm zurückhaltend versuchte der groß gewachsene Priester irgendwann doch noch herauszufinden, wer unsere Grand-mère gewesen war, wann sie zuletzt die Kirche besucht hatte und wie unsere Familiensituation war. Kurz darauf ging es los. Der Sarg wurde an uns vorbei in die Kirche getragen, wir folgten in gebotenem Abstand, tauchten unsere Finger in geweihtes Wasser und bespritzen, einer nach dem anderen, den Sarg. So mit Wasser bespritzt zu werden, das hätte sie sicher nicht gemocht, wenn sie noch leben würde. Dann ging das Programm los. Außer uns saßen noch drei alte Frauen in der Kirche. Es wurde gesungen, der Priester hielt eine Predigt, und ich bemerkte, während ich versuchte, beim Singen so wenig wie möglich aufzufallen, dass ich die Zeremonie tröstlich fand. Selbst wenn die Frauen und Grand-mère sich vielleicht nicht gekannt hatten, der Glaube verbindet. Mir schien die katholische Kirche in diesem Moment zu funktionieren wie eine Gang: Kommt einer um, erweisen ihm selbst wildfremde Menschen die letzte Ehre – eben wie in einem Rockerclub. Meine Schwester vermutete einen anderen Grund. Die Frauen, sagte sie, seien bezahlt worden.

Der Friedhof von Chinon liegt an einer viel befahrenen Landstraße im oberen Teil der Kleinstadt. Bis zum Château sind es weniger als fünfhundert Meter, bis zum Haus meiner Grandmère höchstens zehn Gehminuten in normalem Schritttempo. Wenn wir das schmucklose Grab von Grand-père mit ihr besuchten, verlängerten sich die zehn Minuten auf fast eine halbe Stunde. Ihr hohes Alter, die Arthrose, das Leben.

Hinter einer jahrhundertealten Steinmauer lugt auf der linken Seite das Elektrizitätswerk von Chinon hervor. Keine dreißig Meter vom Werk entfernt befindet sich das Grab meiner Familie. Vor der Marmorplatte, unter der Grand-père lag, war ein Loch ausgehoben, in dem nun gleich Grand-mères Körper verschwinden sollte. Es war meine erste Beerdigung, und ich wurde zunehmend unruhig. Die Luft war kalt und klar, die Sonne schien gegen die Kälte an, vergebens. Nach kurzem Warten fuhr das Auto mit den Sargträgern vor. Am großen Weg, vor der Grabsteingasse, hatten die Mitarbeiter des Bestattungsinstituts zwei Boxen angebracht, wie in südeuropäischen Ländern üblich im Schatten eines Baumes. Die Klaviermusik, die aus den Boxen kam, war wieder betont traurig, dafür aber wenigstens leiser als zuvor in der Aussegnungshalle. Um mich nicht mit meiner Familie zu beschäftigen, zu der ich bei dieser Fahrt auf Abstand ging, erforschte ich mein Inneres. Da war doch gerade ein Gefühl, oder? Verzweifelt versuchte ich, jegliche Regung einzufangen, als wollte ich mich vergewissern, dass ich auch ja trauerte. Denn man hatte ja traurig zu sein, schließlich trugen wir unsere Großmutter zu Grabe. Und da? Ha! Jetzt schon wieder, ein Gefühl!

Oder wollte ich mich bloß vergewissern, dass ich, anders als es der Großteil meiner komischen Verwandten zu sein schien, ein Mensch aus Fleisch und Blut war? Einer mit einem komplexen Innenleben, der sich nicht seltsam benahm und den Grund ausschwieg, aus dem wir uns hier versammelt hatten?

Der Chef des Beerdigungsinstituts hielt eine kurze Rede, die ich nicht richtig verstand, dann wurde der Sarg in die Erde gelassen. Eine:r nach dem anderen trat nun einzeln vor das Grab und warf eine Rose hinein.

Kurz darauf blies mein Vater zum Aufbruch. Die Sargträger würden erst anfangen, das Loch im Boden mit Erde aufzufüllen, nachdem wir gegangen waren, wir sollten sie also nicht unnötig aufhalten, sagte er. Selbst bei der Beerdigung der eigenen Mutter zeigte er nicht mal den Anflug von Sentimentalität. *Liberté, Egalité, Rationalité.*

Kaum hatten wir das Friedhofstor passiert, zeigte sich auch, wessen Tochter meine Schwester war. Es ging um die Frage, wann wir uns auf die Rückfahrt nach Hamburg machen sollten. Ich war dafür, schon am kommenden Morgen aufzubrechen, und setzte mich durch. Dafür, so argumentierte meine Schwester, müssten wir nun aber sofort einkaufen gehen. Ich widersprach und sagte, das sei doch jetzt nicht wirklich der richtige Zeitpunkt für so etwas, immerhin hätten wir gerade unser eigen Fleisch und Blut zu Grabe getragen. Doch vergeblich. Jetzt setzte sie sich durch, und zehn Minuten nach der Beerdigung unserer Grand-mère waren sie, ihre Tochter und ich bei ALDI.

Das Fremdsein kulminierte am Abend im Restaurant. Während Lucie zur selben Zeit in einer kleinen Hamburger Buchhandlung einer Lesung von Édouard Louis lauschte, für die wir uns vor Monaten Karten besorgt hatten, war ich in einem Restaurant gefangen, in dem es ausschließlich fleischhaltige Gerichte zu essen gab. Ich saß am Tisch mit ein paar alten Männern, die keine Sekunde des Abends darauf verschwendeten, unsere Grand-mère auch nur zu erwähnen. Die so taten, als wäre nichts gewesen. Die lachten, schmatzten, über irgendwelchen Nonsens diskutierten und damit ihre Unfähigkeit offenbarten, ihre Unsicherheit, Trauer, meinetwegen auch heitere Erinnerungen, ja überhaupt irgendetwas zuzulassen, was sich um ihre Mutter, ihre Schwester drehte, zu deren Beerdigung wir zusammengekommen waren. Ich sah zu meiner Schwester rüber, unsere Blicke trafen sich, und in dem Moment wusste ich, dass ich mich nicht länger allein fremd fühlte.

Freitag, 15. Mai 2020 18.00 Uhr

Seit heute nehme ich Antidepressiva. Ab der dritten Woche soll ich die Dosis auf dreihundert Milligramm steigern, sagt die psychiatrische Ärztin bei der Auswertung meines ADHS-Tests. Das eine Ergebnis weist achtundsechzig Punkte auf. Ab fünfunddreißig spricht man von ADHS. Das andere liege ebenfalls deutlich über dem Grenzwert. Zu meinem bunten Diagnosestrauß kommt nun wie vermutet die »Zappelphilipp-Krankheit« hinzu. *So what?* Ich fühle mich gut, weil ich nun die Gewissheit habe, dass es für meine schlechte Konzentration, meine andauernde Nervosität, die Kolleg:innen, Freund:innen und die Familie in den Wahnsinn treibt, einen Begriff gibt: ADHS. Das kann man angehen, finde ich, damit kann man lernen umzugehen. Und es gibt Medikamente dafür, also warum nicht ausprobieren?

Mittwoch, 20. Mai 2020 13.10 Uhr

Die Weichen sind gestellt, jetzt ist es endgültig. Lucie und ich ziehen weg aus Hamburg. Sie fängt einen Job bei einer Zeitung an, ich folge ihr, denn ich brauche Ruhe. Ich muss meinem Ich, das ich hier in Hamburg aufgebaut habe und dem ich entwachse, einen neuen Raum geben. Einen Raum, den es in Hamburg für mich nicht gibt. Zu viele Altlasten, zu viel Familie, zu viel alte Haut, die mir nicht mehr passt. Gestern habe ich mit der Vermieterin meiner Wohnung gesprochen, ich komme aus dem ohnehin nicht rechtswirksamen Vertrag früher raus. Kommende Woche spreche ich erneut mit meinem neuen

Chefredakteur und schaffe Fakten: Ich werde mein Volontariat aus gesundheitlichen Gründen vorzeitig beenden. Punkt. Eben war ich bei meiner Hausärztin, ein Attest, das bezeugt, dass ich gerade generell arbeitsunfähig bin, sei kein Problem, sagt sie. Bingo. Noch fünf Wochen Umzugsorga, dann kann ich in der Kleinstadt Wunden lecken. Stimmung: erleichtert bis ungläubig.

Dienstag, 9. Juni 2020 16.16 Uhr

Ich bin einunddreißig Jahre und dreihundertsiebenundzwanzig Tage alt, als mich eine Art Absolution erreicht – in Form einer E-Mail meiner Mutter. Heute Morgen schrieb ich ihr in einer SMS, dass sie sich zu viel bei mir melde. Daraufhin schickte sie mir eine Mail mit dem Titel »Zu viel kümmern«. Den Inhalt habe ich zuerst nicht gelesen. Zu viel Angst, dass es ein Abschiedsbrief sein könnte. Völlig irrational, diese Angst, aber ich bekomme sie nur schwer aus mir heraus. Nachdem ich die Mail dann erst mal überflogen und mich vergewissert hatte, dass sie nicht ankündigte, von dieser Welt zu gehen, schaffte ich es, den Text noch mal ganz in Ruhe zu lesen. Sie erklärt die Unsicherheit, mit der meine Schwester und ich aufgewachsen sind, anhand eines einfachen Beispiels: einer Ampel.

> Mal wollte ich, dass ihr wartet, bis grün war, dann durftet ihr bei Rot rüberrennen, und ein anderes Mal bin ich ausgeflippt, wenn ihr bei Rot über die Straße laufen wolltet. (...) Ihr konntet nie sicher sein, wie ich in einer Situation reagiere. Je nachdem wie ich selbst

drauf war, wechselte meine Reaktion. Das machte euch so unsicher, ihr wusstet ja oft nicht, woran ihr mit mir seid.

Sie habe uns unzureichend emotional genährt, schreibt sie. Sie habe gedacht, dass sie uns alles habe zukommen lassen, weil sie es selbst nicht besser gewusst habe. Sie sehe die Chance auf Heilung und hoffe, dass ich wieder gesund würde. Ich lese das und werde zu einem weichen, warmen Butterkuchen. Denn für mich bedeutet das, loslassen zu dürfen, mich nicht mehr so verantwortlich fühlen zu müssen. Für sie, für ihre Gesundheit. Wenn ich in etwas mehr als zwei Wochen umziehe, dann ja vielleicht mit dem Gefühl, dass das Schicksal meiner Mutter nicht an mir kleben bleibt wie Kaugummi an einem Schuh. Vielleicht werden das einige Leute nicht verstehen, aber der Geist meiner Familie ist immer gewesen: Du hast sie bis zu ihrem Tod an der Backe. Nicht im Guten, weil gesunden Sinn, sondern im füreinander haftenden, toxischen Sinn. Während andere Menschen mit weniger Problemen das Verhältnis zu ihren Eltern klären können, blieb zwischen meiner Mutter und mir alles beim Alten. Mal lief eine Zeit lang alles gut, mal rastete jemand von uns aus, mal log sie, mal log ich. Dieses »Ich gehe auf Abstand zu meiner Familie und gucke, welches Nähe-Distanz-Verhältnis gut für uns ist«, das hat es bei mir und den meisten meiner Freund:innen nie gegeben. Man wird so geboren, also zieht man das genau so durch. Und damit meine ich: die tausend Umzüge meiner Schwester von einem Ort zum nächsten, die Heulattacken meiner Mutter, wenn sie wieder von irgendwas bewegt war, die Anrufe eines betrunkenen und zugekifften Vaters vom anderen Ende der Welt. Finde ich das alles gut?

Nein. Geht es mich was an? Nein. Jede:r hat das Recht, das eigene Leben Leben so herunterzuwirtschaften, wie er oder sie es für richtig hält. Der Rest hält die Backen und hilft, die Scherben aufzukehren, wenn wieder was in die Brüche gegangen ist. Die Familie als Notgemeinschaft.

Und das alles hinter mir lassen? Ich weiß nicht, ob es etwas Schwereres gibt, als sich aus dem Leben herauszuschälen, das man glaubte verdient zu haben – aber einen Versuch ist es wert.

Tourist im eigenen Leben

Ein letzter Besuch im Haus meiner Grand-mère. Dort, wo die Betten zehn Zentimeter zu kurz sind, die Luft einen Tacken zu muffig und die Langeweile ein Stück zu greifbar ist. Das Erste, was mir auffiel: Die obere Glasscheibe der Haustür war durch eine weiße Sperrholzplatte ersetzt worden. Das Zweite war die Stille, gegen die Grand-mère zeit ihres Lebens mit einer ganzen Batterie an Fernsehern anzulärmen versucht hatte.

Mein Frankreich, das Haus meiner Großmutter, war nun nahezu leer, ausgeräumt, verwaist. Verwaist und verkauft. Inmitten von alldem thronte mein Vater, der Kaiser von China, über seinem geerbten Reich, nur dass es ihm nicht allein gehörte, dieses Reich. Und dessen bald versilberte Fläche durch eine kleine Schar Brüder geteilt werden musste. In vier Wochen sollte das Haus an die neuen Eigentümer übergeben werden, eine Familie mit zwei Kindern, die dem Garten und dem Haus neues Leben einhauchen würden. Falls das Amt meinem Vater bis dahin eine Wohnung organisiert hatte.

Die Blumen- und Puppentapeten wirkten in den nun fast komplett ausgeräumten Zimmern bizarr und fehl am Platz. Das Haus hatte bereits etwas von einem *lost place,* obwohl mein Vater seit der Beerdigung Grand-mères hier lebte. Hunderte von Büchern hatte er weggegeben. Sogar der Teppich aus Grand-pères Arbeitszimmer war schon verschwunden, diesem für meine Schwester und mich sagenumwobenen Zimmer, in das wir nur unter Beobachtung der trübe gewordenen Augen unserer Grand-mère hineindurften – sagenumwoben, weil die

Gerüchte über seine Geheimdiensttätigkeiten im Kalten Krieg, die Grand-mère stets bestritt, einen Hauch von Spionagethriller in das ansonsten stinkekäsenormale Mittelschichtsfrankreich unserer Großeltern brachten.

Zwei Sessel, das Sofa, der massive Esstisch, ein großer Besteckschrank, mehr war auch im Salon nicht übrig geblieben. Die Wand zwischen dem schon lange erkalteten Kamin und der Decke war mit rabenschwarzem Ruß eingefärbt. An der rechten Hausseite hatte mein Vater eine hundert Quadratmeter große Rasenfläche auf Knöchelhöhe stehen gelassen. »Weißt du, wie anstrengend das Mähen ist, mon fils?«, sagte er, als ich ihn fragte, wann er den übrigen Rasen mähen würde. Wusste ich nicht, als Allergiker war mir das Rasenmähen nie aufgetragen worden. Hinter der akkurat gemähten Fläche mit den aufgrund des Regenmangels stachelig gewordenen Grashalmen begann ein Dickicht aus vertrockneten Sträuchern, Gräsern und Blumen. Die Terrasse auf der Rückseite des Hauses wurde langsam, aber stetig von den Büschen und Sträuchern überwuchert, die um sie herum angeordnet waren. Er sitze fast nie dort, warum auch, wenn er doch allein sei, sagte er, als ich ihn darauf ansprach. Vor dem Gästezimmer am Ende des Flures, gegenüber dem Schlafzimmer meiner Grand-mère, war das Buschwerk bereits so dicht ans Haus gewachsen, dass die Fensterläden sich kaum mehr aufklappen ließen.

Immer enger zogen sich die Kreise meines Vaters um die Küche herum. So war das nach dem Tod meines Großvaters auch bei Grand-mère gewesen – bis die Küche zum einzigen Raum wurde, der in der Rue du Château d'Eau noch Leben ausstrahlte, jener Straße, die sich den Hügel emporschlängelt, bis sie nicht mehr weiterweiß.

Seitdem der erste Teil von Grand-mères Erbe ausgezahlt worden war, türmten sich ganze Berge von Lebensmitteln auf den Schränken, auf dem Esstisch, dem Boden. Vergeblich brummte der Kühlschrank gegen die schiere Masse seines Inhaltes an.

Ähnlich verwittert wie Haus und Grundstück zeigte sich auch mein Vater. Über zwanzig Jahre Junggesellenleben hatten Spuren hinterlassen. Gegenüber dem langsam einsetzenden Zerfall seines Körpers zeigte mein Vater jedoch ebenfalls keine Reue. Von seiner dritten Leistenbruchoperation einige Wochen zuvor war er noch etwas staksig auf den Beinen. Links oben fehlte ihm ein Eckzahn, hinter dem sich braune Stumpen andeuteten, doch mein Vater grinste, trank, fluchte und rauchte wie eh und je. Und sein Husten. Wenn es etwas absolut Unausstehliches an diesem kleinen Mann gab, war es sein aus dem Hang zur Selbstzerstörung geborener Husten. Meist morgens oder immer dann, wenn sein Körper davon ausging, dass es morgens war, fing es an. Morgens, das konnte auch um siebzehn Uhr am späten Nachmittag sein, wenn er wieder bis um sieben Uhr morgens in der Küche vor leeren Weinflaschen und irgendwelchen Videos gesessen hatte.

Der während eines Knastaufenthaltes liebestrunken in seinen Unterarm geritzte Name meiner Mutter war mittlerweile fast vollständig verblasst. Nur zwei Buchstaben ließen sich noch einwandfrei identifizieren. Diese beiden Buchstaben, rechts unterhalb des ebenfalls ins eigene Fleisch geritzten Auges, waren das letzte sichtbare Zeugnis einer Zeit, in der mein Vater die Liebe noch nicht gegen die Vorsicht eingetauscht hatte, die gebrochene Herzen bei einigen ihrer Besitzer:innen hinterließen. Das Auge war ihm besser gelungen, sein Blick bohrte sich so lang in meinen, bis ich das Wettstarren verlor und ergeben meine Lider senkte.

Als Nächstes würden die Zähne drankommen, dann die Augen. Oder umgekehrt, so ganz klar war die Reihenfolge noch nicht. Dieser Mann, Tourist im eigenen Leben (Zitat meiner Schwester), würde nach zweiundvierzig Jahren wieder einen festen Wohnsitz in der *Grande Nation* haben. Aus dem anfänglichen Plan, sich um das Erbe und den Nachlass von Grand-mère zu kümmern, und dem sich auf die Tagesordnung drängenden Projekt, der lange vernachlässigten Gesundheit mehr Aufmerksamkeit zu schenken, entstand vor lauter Planerei etwas völlig Ungeplantes: Mein Vater begann, in Frankreich eine Perspektive für sich zu sehen. Zuerst war da nur die Idee, eine Art Boxenstopp in Frankreich einzulegen: einmal hin, alles drin, Leiste, Augen, Zähne. An diesem Ort, der mit seinen kleinen Gassen, Cafés, Bars und dem Château auf Touristen verträumt wirken mochte, für junge, lebenshungrige Bewohner aber vermutlich eher einem Tod auf Raten gleichkam. In dieser eigentlich süßen Kleinstadt, die als Kulisse für den Film *Monsieur Claude und seine Töchter* gedient hatte, war einen Monat zuvor ein Mann nach einem Streit mit seinem Auto durch eine eigentlich autofreie Straße in der Altstadt gefahren und hatte zwei Menschen erwischt. Beide wurden verletzt, wie schwer, ist unklar. Der Außenbereich der Stammkneipe meines Vaters wurde dabei verwüstet. Der Vorfall hatte es sogar bis in eine regionale Tageszeitung geschafft. Und mein Vater? Der erfuhr davon erst durch einen Anruf von seinem Freund Bébo aus China. »*C'est chaud là-bas, non?*«, fragte dieser ihn.

Ein Mann betrat des Vaters Sprechzimmer, die Küche. Féfé sein Name. Er war hochgewachsen, aber sein labbriger Oberkörper war seltsam nach vorne gekrümmt, wodurch er an eine Banane erinnerte. Eine laufende Banane, die einen riesigen Kopf vor sich her wuchtete, an dem wirklich alles herabhing. Seine Augenlider, die Haut über den Wangen, sogar die Haut an seinem Kinn kapitulierte vor der Schwerkraft. Seine Unterlippe erinnerte an Karikaturen von Straßenzeichnern, die das Hauptmerkmal ihrer Kund:innen albern vergrößern: Schlaff und leblos hing auch sie herunter. Über dieser *gueule* trug er graue Locken, ein sichtbares Zeichen seines hohen Alters – dabei war er kaum älter als fünfzig, wie ich später erfuhr. Ein wenig versetzt trippelte hinter Féfé ein kleiner Chihuahua herein, an den er durch nicht beglichene Drogenschulden gekommen war. Féfé legte sich ins Zeug, als hätte er nur fünf Minuten Zeit, um zu beweisen, dass er der wahnsinnigste Mensch war, der je unter dieser Sonne geweilt hat. Wenn er redete, sprach sein ganzer Körper. Vor allem der Oberkörper wippte dabei vor und zurück, als wollte er die völlig verwaschene Sprache aus seinem Labbermaul durch Agilität ausgleichen. Statt Argumente zu bringen, schlug er sich auf die Brust, statt Essenzielles zu erzählen, präsentierte er seine Arme, stand auf, zog sein kurzärmeliges weißes Surferhemd hoch und zeigte einen braun gebrannten, durchtrainierten Bauch mit der faltigen Haut eines von Balearenurlauben gestählten Rentners. Dabei schlug er sich zum vorläufigen Finale seiner kleinen Einlage ein-, zwei-, dreimal mit voller Wucht auf diesen faltigen Bauch, als würde er um die Gunst einer Vierzehnjährigen werben. »*Je suis fort*«, rief er dabei und guckte mich an. Stark war er, und dazu ein richtiger Hochstapler: die gespielte Beiläufigkeit, mit der er erklärte, wie viel Geld er mit seinem ganzen *Bisnes* im Monat machte. Die Versicherung meinem Vater gegenüber, dass er einen Zwölferkurs bekäme. Nachgewogen waren es dann nur acht Komma fünf, aber na ja, irgendwas ist ja immer.

Eines Abends, ein paar Wochen vor meinem Besuch. Mein Vater hatte Féfé bei sich zu Gast, als es an der Tür klingelte. Mein Vater ging hin und öffnete sie. Vor ihm stand Féfés Geschäftspartner – und aus irgendeinem Grund war er tierisch sauer auf Féfé. Als Féfé in der Küche dessen Stimme vernahm, sprang er aus dem Fenster – wenn Grand-mère das gesehen hätte – und floh in Panik vor seinem eigenen Partner, Gott weiß warum. Und was tat der Geschäftspartner? Als mein Vater ihm versicherte, dass Féfé nicht da sei, schlug dieser vor Wut die Scheibe der Haustür ein. Mein Vater, sonst selbst ein Hitzkopf, war in Anbetracht der Physis des Mannes gar nicht mehr so hitzig, eher Streitschlichter, und lud den Mann mit der Faust aus Eisen in seine Küche ein, um ihm zu zeigen: Hier ist wirklich kein Féfé! So beruhigte er den unbekannten Starken. Féfé war in der Zwischenzeit durch den Garten über den Zaun zu den Nachbar:innen geflohen, die ob des Spektakels die Polizei riefen. Das Klirren, der Bananenmann in ihrem Garten, seine fast auf dem Boden schleifende Unterlippe: Furcht einflößend. Zwanzig Minuten später, die Polizei war mittlerweile wieder abgezogen, nachdem mein Vater sie beruhigt hatte, kam Féfé von der Straßenseite aus auf das Haus zugeschlendert und tat so, als wäre nichts gewesen. »*Salut les gars!*«

Wir saßen auf der Terrasse, mein Vater auf einem Plastikstuhl, ich auf dem Absatz vor der Tür, und redeten. Über die Zeit, als er mit siebzehn aus dem Internat ausgebrochen war. Er spielte mir vor, wie er damals in Rouen in aller Seelenruhe auf die örtliche Faschotruppe zugegangen war, mit seinem für ihn so typischen schaukelnden Gang und einer Kippe zwischen den Fingern seiner rechten Hand. Wie er dann, beim Feind angekommen, zur Überraschung der Umstehenden betont gelassen seine Hand mit der Zigarette ausstreckte und die Glut der Kippe in das erst verdutzte, dann vor Schmerzen zuckende Faschogesicht presste, um anschließend die Beine in die Hand zu nehmen. Erzählte, wie hart die Wochenenden für ihn gewesen waren, in denen er achtzehn Stunden mit dem Bus von Paris nach Hamburg fuhr, um uns zu sehen. Wie meine Schwester ihm die Tür aufmachte, wenn er völlig übernächtigt klingelte, um ihm von unserer Mutter auszurichten, dass er später wiederkommen solle. Wie er am Sonntag schon wieder zurückmusste, damit er am Montag rechtzeitig auf der Arbeit war. Erzählte, dass ich ihn ausgerechnet in seiner schlimmsten Zeit erwischt hatte, als ich ihn in China besuchte. Erzählte, wie er den Moment erlebt hatte, als Grand-mère in der Küche das erste Mal vor seinen Augen ihren Kopf verlor, nicht wusste, wer ihr da gegenübersaß – bis dann, Sekunden später, die Lampen wieder angingen. Erzählte, wie das für ihn gewesen war, seine Mutter so zu sehen. Und auf einmal schimmerte hinter der Fassade des Mannes, der sich nach China abgesetzt hatte, um seinem Schuldenberg zu entkommen, der nie Unterhalt für uns gezahlt hatte, der meine Mutter die Schulden für einen selbst aufgenommenen Kredit hatte allein abstottern lassen, eine sanftere Version durch. Eine Version, die vermisste, die voller Wehmut war, die vielleicht doch noch ein bisschen Liebe in sich trug. Eine Version, die mich, ohne dass ich mich verstellen musste, ahnen ließ, warum meine Mutter sich damals im Café Falke, dem Drogenspot im Hamburg der Siebzigerjahre, in diesen kleinen Franzosen verliebt hatte. Eine Version, die meinem Vater feuchte Augen abtrotzte, wenn er sich an seine langsam abbauende Mutter erinnerte.

Und auch ich erzählte. Erzählte, wie es war, als ich Grand-mère nach meinem Wanderurlaub besuchte und ihr erklärte, wer ich war. Wie es war, als meine Nichte auf dem Tisch im Gemeinschaftssaal des Altenheims krabbeln lernte und wir Grand-mère einen schönen Tag bescherten, in der Hoffnung, er möge die vielen einsamen und schmerzhaften Tage vergessen machen. Und während wir beide so erzählten und uns gegenseitig zuhörten, bemerkte ich, wie sich ein Anflug von Frieden auf meine sich in ihre Einzelteile zerbrechende Kämpfernatur legte.

Epilog

Nach knapp zweiunddreißig Jahren habe ich meine Heimatstadt verlassen – und damit auch meine Komfortzone. Ich bin raus aus dem Stadtteil, in dem mir alles vertraut ist. In dem ich zu jedem Hinterhof eine Geschichte, zu jeder Straße ein Gefühl und zu den meisten Menschen eine Meinung habe. Raus aus der Stadt, in der ich meine Schule abgebrochen, eine Schauspielausbildung absolviert und zum Schreiben gefunden habe.

Auch wenn das hier keine Aufstiegsgeschichte ist – mit meinen schmalen Einkünften als freier Journalist gehöre ich zum Prekariat, und ich habe weder mein Auftreten noch meine Freundschaften, meinen Habitus oder meine Sprache gewechselt –, so ist es vielleicht eine kleine Geschichte der Emanzipation. Eine Ausstiegsgeschichte. Horizontal, nicht vertikal. Ich verlasse den sozialen Raum, der mir zugedacht war, und suche mir meinen eigenen. Einen Raum, in dem ich die Art und Weise, wie ich lebe, so weit, wie es mir möglich ist, selbst bestimmen kann. Einen Raum, in dem ich meiner Wut auf die Ungerechtigkeit der Welt Gehör verschaffen kann, denn ganz verschwinden, da mache ich mir nichts vor, wird sie nie, meine Wut.

Dieses Buch ist kein Versuch, mein Glück im absoluten Fokus auf mich selbst zu suchen. Für soziale Kämpfe ist gerade die im Kapitalismus zunehmende Fokussierung auf das eigene Ich ein Riesenproblem. Denn dort, wo es kein *Wir* gibt, kämpft jeder für sich allein.

Auf persönlicher Ebene ist dieses Buch ein Versuch, mir selbst eine Zukunft aufzuzeigen, fernab der Supermarktkassen und Lagerhallen dieses Landes.

Auf gesellschaftlicher Ebene soll dieses Buch als ein wenn auch kleiner Beitrag verstanden werden, soziale Kämpfe und das vermeintlich Private miteinander zu versöhnen. Es braucht kollektives Wissen – im Falle meines Projektes: Armut macht, in vielen Fällen, psychisch krank –, um für eine gerechtere Gesellschaft zu kämpfen.